가오리와의 불꽃 키스

박무성 제4시집

오늘의문학사

의와리오가
불꽃 키스

일러두기

본문에 사용한 '>' 표시는 연과 연 사이의 '빈 줄'을 나타냅니다.

| 시인의 말 |

서시

황혼 무렵 서녘 노을로 드리운 발길
아이들 웃음소리에
매달린 나뭇잎 하나, 알고 보니
싹 틔운 박씨도 자라 싸릿대 치마폭을 붙잡고
새근대며 얼싸안았네요

때 묻지 않은 숨결 너무 곱고 고와
담쟁이덩굴에 업혀 지붕에 오른 박꽃
이제는 어부바 어릿광대로 달빛에 업혀
자장자장 다독이는 피리 가락에 하늘하늘
하늘을 오르네요

졸고 있던 별들이 모두 두 팔 벌려
요람으로 맞는 정여울 듬뿍
맛깔스러운 백 일 잔치 멋들어지고 눈부셔라
너도나도 새록새록 얼싸안고 뽀뽀를 날려요
지상에서 천상에 오른 귀한 별님이라 그 자취
한 아름 드리워 그렇게 설렐 수 없네요

| 목차 |

시인의 말 ······················· 5

1부 상처·치유

상처 입은(입는) 아침 ················ 15
아침의 문 ······················ 16
질병 ························· 17
가뭄 재앙 ······················ 18
난리, 난리, 물난리 ················· 19
화마火魔 ······················ 20
가시철조망 ····················· 21
치유가 필요한 6.25 ················· 22
어느 겨울을 뒤흔든 퍼포먼스 ············ 23
신문고 북소리 ···················· 24
한국인의 '화병' ··················· 25

무서운 입과 혀 ········· 26
절벽 ········· 27
벌떡증 ········· 28
샴쌍둥이의 엘레지 ········· 29
음악의 힘 ········· 30
벽화마을 ········· 31
디스코 춤판 ········· 32
걱정 인형 ········· 33
1차 버킷리스트 여행 ········· 34
어느 다동多動주의자의 불꽃 ········· 35
웃음 폭탄 ········· 36
거울 속에 들다 ········· 37
함성 ········· 38
골방에서 울고 있는 아이 ········· 39
힐링 여행 ········· 40
호흡 마주보기 ········· 41

2부 인체·생리

몸 ·· 45
키 ·· 46
얼굴 ·· 47
뇌와 못 ··· 48
눈 ·· 49
귀 ·· 50
코 ·· 51
입 ·· 52
목 ·· 53
가슴 ··· 54
심장(값) ·· 55
손 ·· 56
발바닥 ·· 57
숨결과 춤결 ·································· 58
눈곱 ··· 59

잦은 하품 60
고뿔 61

3부 자연·문명

아라 홍연 특별전 65
천 송이 장미원 66
밤 숲속을 걷다 67
수국바다에 빠지다 68
숲으로 오라 69
추억의 제방 70
가을풍경 한 점 71
신명풀이 장고도 72
물결 73
동초하초 사냥꾼들 74

줍교 ······································ 75

멋쟁이 바람 ······························ 76

밥물 ······································ 77

청계천은 힘이 세다 ······················ 78

유등천변을 걷다 ·························· 79

가오리와의 불꽃 키스 ···················· 80

칼리의 살사 축제 ························· 81

도서관 ···································· 82

생태와 평화를 위하여 ···················· 83

4부 인물·전통문화

씨름꾼, 박지원 ···························· 87

백의천사 나이팅게일 ···················· 88

고 허보경 선생을 기리며 ················ 89

회화사를 빛낸 클로드 모네 ····················· 90
이중섭 국민 화백 ································· 91
〈군상〉과 이응노 화백 ··························· 92
천상의 천경자 화백 ······························ 93
거장 김인중 신부 ································ 94
김창렬 화백과 물방울 ··························· 95
화백 김병종과 산 ································ 96
명품 인생 이상일 씨 ···························· 97
김우옥 실험극 연출가 ··························· 98
인터넷 국보 전길남 박사 ······················ 99
빛, 즐겨 갖는 이청자 교수 ················· 100
아리랑 노래 ······································ 101
사고친 고사인물도 ····························· 102
그리워 불러보는 보부상 ······················ 103
지게 ··· 104
말 칼을 휘두르는 한국인들 ················· 105
알칼데의 채찍 소리 ···························· 106

5부 영성靈性의 스펙터클

불의 역사役事(기도문) ········· 109
만들어진 신에서 떠나라 ········· 110
하늘의 청지기들 ········· 111
로뎀 나무 ········· 112
웃기는 섬 ········· 113
바울의 기쁨처럼 ········· 114
꽉 잡은 손 ········· 115
장애인 수기 대상 수상 박관찬 씨 ······ 116
행복한 부부 이발사 ········· 117
잘 넘어지기 ········· 118
최종 보고서 ········· 119
목발 ········· 120

해설_문학평론가 리헌석 ········· 122

1부
상처·치유

상처 입은(입는) 아침

6.25 새벽의 가슴은 북의 포탄에 찢겨
아침은 줄곧 박살났다

새벽 뺑소니 차량이나 층간 소음에
시체로 들려 눈에 밟히는 아침

밤새 계속되는 폭설이나 호우며 지진과
쓰나미와 짙은 안개로 발등이 찍혀 앓았고

어젯밤 인근 숲의 불길과 공장과 시장의
대형 화재는 잡히지 않아 주택들도
화상을 입고, 웬 오물 풍선으로
오늘 아침은
병원에 입원하였다

부쩍 황사와 미세먼지 내일부터 도를 넘는
열대야로 온열병에 걸린 아침은
119에 실려 갈 것이다

아침의 문

솟는 햇살은 아침을 여는 황금 열쇠
어둠을 몰아내는 너의 팡파르로
마을마다 맑은 종소리 산을 넘어 길을 트고
바다가 열리며 만선으로 입항하는 들뜬 항구
산과 숲도 열려 새들의 눈부신 날갯짓 지저귐
들녘은 더덩실 초록을 건너 황금물결로 너울거려요
잠을 풀고 들썩이는 체육공원
약수터 물받이는 기운이 감돌아 명랑하네요
까치가 부르짖는 기별은 부풀어 설렙니다
손맛 좋은 엄마 밥상의 김발로
무럭무럭 아이들 등굣길 흐뭇하죠
역사는 새벽길을 트고 신화를 쓰지 않았던가요

나는 이 순간이 달달하여 베란다 문을 열지요
바로 VIP를 열렬히 맞는 사열대를 지나
울긋불긋 한판 벌인 화원을 둘러보며 안아주지요
서로간의 애틋한 사랑의 묘약처럼
뽀글뽀글 발효되는 시간인 걸요

질병

별을 세듯 질병을 세어 보았으나 지쳐
      도로徒勞라는 걸 알았지요
덤벼드는 질병을 발차기로 번번이 막기는 어렵다는 것도
      태어남은 죽어감의 시작이 아닐까요
오른팔엔 노화와 괴질과 염병, 왼팔엔 염증과 각종 병마를 종
부리듯 거느리고 금 규珪를 쥐고 툭하면
      으름장을 놓는 권좌 앞에 석고대죄만 있을 뿐이지요
숨은 죄악을 보여 주는 병마도 있다지만
중세를 휩쓴 페스트며 20세기 초의 스페인독감
최근의 사스와 메르스 이들보다 강력한 코로나19는
제국주의 식민통치처럼 그 만용이 기막히지 않던가요
      천하를 호령했던 진시황제도
      딱 한 번 무릎을 꿇고 사라졌잖아요
      질병의 목구멍 그 덫에서
      이어지는 줄기찬 쟁투
유전자 해독과 가위질, 줄기세포와 바이오는
생성형 AI와 OK OK를 쏘아올려 금자탑을 세울 수 있을까

가뭄 재앙

뜬금없이 가뭄이 찾아들지요
'나라님도 못막는 가뭄'을 젓고 간을 보면
    초근목피로 민초들의 힘겨운 싸움
어쩌다가 먹구름마저 비아냥대듯 흘러가고
    이글거리는 땡볕에 뿌연 잿가루만 날리지요
사람들은 애간장을 태워 기우제를 지낸답니다

고향을 떠나 유랑 걸식을, 우리 조상들과
아브라함과 야곱 가족이 그랬습니다
    경주 최참판댁과 제주 만덕의 미담이
유명한 풍속화를 남겼지만
    탐관오리들은 늘 모리배를 일삼았고
삼정三政의 문란에 찾아든 한발과
    일제의 마수로 더 참혹한 빚더미는
하와이와 만주벌판을 헤매었지 않았던가요
    어쩌면 하늘의 경고랍니다
기후위기로 파멸의 구덩이에 빠져든 앞길은
    어이없게도 대책 없는 후회들뿐 아닌가요

난리, 난리, 물난리

먹구름 떼가 군사를 이끌고 오랫동안 짓밟을 때
     땅은 속수무책일 수밖에 없지요
예로부터 왕조가 바뀌고 치수에 명줄을 걸었지요
     노아 때의 홍수 심판,
물난리는 나에게도 깊은 못 자국이 있어요
     봄 끝 여름 장마
그 해엔 유독 석 달간 길게 이어져
     대량살상무기로 변했죠
까마득하게 넓고 짙푸르게 잘 자란 들녘
깡그리 파묻혀 무섭도록 성난 파도 일렁이는 바다
     강둑 아랫마을은 난데없는 난민이라
모든 걸 버리고 거룻배로 탈출행렬을 벌였죠
물결에 휩싸여 떠내려가는 가축들과, 애오라지
세간이며 쓰레기들, 아비규환이 따로 없었죠
살아난 사람들은 깐작대는 빚더미에 얹혀 휜 허리
     어깻죽지 성할 날 없었으니, 아찔 아찔

웬, 별난 쑥대밭에 허기로 날 새웠던 나날들이여!

화마 火魔

화산폭발 지진 낙뢰와 인재로 일어난 산불을 모아보면
    그 불로 지구를 태울 수 있겠다
물은 지구를 한 번에 모두 덮을 수 있으리라
    노아의 홍수가 그랬으니……

불이 지구를 모두 태울 수 없는 것은
    물이 있기 때문이리라

임란에 전소된 경복궁을 재건한 대원군은 근정문
사량문에 붉은 종이 먹물로 물 水자를 크게 돋았는데
그 안에 龍자 일천 개를 슬어넣고 화마를 막았다니!
    우-와, 어안이 그저 휘둥그레질 뿐이다

그러나 불은 폭발력과 파급력의 왕초가 아닌가
전쟁광들에게 음모를 끊임없이 부추겨주는 화마
    어리석게도 핵과 탄도미사일을 만지작거리며
한꺼번에 불바다를 꿈꾸는 미치광이 꼭두각시 전쟁광들
    종말의 아마겟돈은 안중엔 없단 말가

가시철조망

서쪽으로 서쪽으로 인디언들의 땅을 파먹고
      서슴없이 치닫던 미국 개척민들
손쉽게 세계 10대 발명품에 끼어든 그 위력
흔히 담장 위로 올려져 먹이를 찾던 그 가시
      이빨을 보면 눈이 저려온다
      남을 용서할 수 없는 악착같은 착취로
      너는 너, 나는 나, 짜그러진
마음속 가시가 밖으로 드러난 독오른 화살촉
      쇠줄에 발가벗고 목매단 시체처럼
잘려 나간 손바닥에 비틀린 네 가락 가시 손가락
이건 날개 잘린 새의 몸짓만큼 찢어지는 아픔이다
      몸부림치는 만큼 더 박히는 가시는
      닥치는 대로 덮치며 채우려는 덫이다
아들아, 저 아우슈비츠 수용소의 가시철조망에
      콸콸 흘러보낸 전류를 보았느냐?
그때 목숨을 녹여 시뻘겋게 불태운 그 자리에
망대로 서서 가시철조망 없는 세상을 만들어보자
한반도야, 너도 철조망 거둬내고 함께 심장을 안아보자

치유가 필요한 6.25

광복을 맞은 청사진들이 6.25의 새벽
산산이 물거품된 거다
느닷없는 탱크로 짓이겨진 유골의 산하여
단군 이래 그렇게 많은 목숨을 날리고
가족간의 이산과 생계를 불태워 산산
조각을 낸 건 우리 한국사의 기네스북에 오른 일인데
이와 같은 자산들이 수만 수억의 다큐라 하자
    그런데 박힌 탄알을 치유도 없이
    네온사인에 불나방들의 춤사위, 그 속에
    겨우 커버스토리로만 남았을 뿐
    육필은 거의 닳고 유족마저 사라지니
    이제라도 서둘러 남은 호국용사 잉걸불
찾아 들고 영상과 사진에 전기도 쓰는 거야
명치 끝에 남아 있는 체한 말 토씨 하나라도
말문을 열어 그들의 정수리로 고동치는 맥박
- 목숨 하나 달랑 걸어놓고…
- 꼼짝 없이 당했다, 절벽이었다…
잊지 않겠노라며 이제 모두 끌어안고 울어야 산다

어느 겨울을 뒤흔든 퍼포먼스

오늘 저녁 천변을 걷는데
갑자기 비몽사몽을 걸리며
산울림을 허공에 지고
오르락내리락 산허리에 쓰러진 채
먹구름 떼
꺾인 갈대머리 살풀이춤을 보았지요

그 때 일어나 벌인 퍼포먼스
    동학혁명 때 채인 녹두장군의 머리채와
    도끼에 잘린 평민 의병장 신돌석에
    삼일천하 갑신정변의 김옥균도
    명부冥府에서 함께 깨어나
    허둥댄 건 아닐까

왜 그리 천변은 꺾인 갈대들이 쑥대머리 흔들며
하늬바람은 왜 저리 후려치는지
천지가 왜 그리 암담하여 줄줄이 덜덜대며
물음표와 느낌표의 수갑과 창날로 초죽음 되었는지

신문고 북소리

어디선가 요란한 소리 들리네요
하늘을 떠도는 북소리
      누가 두드리는 걸까요
울렁울렁 울컥거리는 신음 소리
처음엔 아찔하여 망설인 것 같았는데
      사방으로 퍼져 겉돌기도 하지만
눈물에 막혀 앞이 안 보이는 것 같아요
갈수록 더 검게 타는 북소리
      찢어져 박살 날까 겁나요
땅은 궁중에서 받아 왕께 바치고
공중에선 하늘 보좌에 올려야 하는데

저멀리 하늘에 정화수 올려놓고
빌고 비는 할멈이 보여요

어머니나 아낙 같고 딸 같은 북소리
난타로 이승과 저승의 갈림길
      저주와 복의, 길길이 날뛰는 저 북소리

한국인의 '화병'

발파용 다이너마이트처럼 명치끝을 치받는
      화산 분화구, 왜 한국인은 '화병'인가
아무려면 어딘들 안 그렇겠느냐 하겠지만
한반도의 지정학적 잦은 외침의 긴박한 순간들
숨소리마저 죽이고 잠마저 두둘겨 패 들쑤셔 놓는
패착, 상전에 종살이, 관존민비와 남존여비의 악폐
      끊임없는 재해와 염병에 떠밀려 기진맥진
      초근목피로 허공에 매달려 지냈지요
      나라는 정쟁의 놀이패들이 둘둘 말아 먹고
      날치기하기 일쑤, 때로는 반란과 민란,
      혁명을 내 걸었으나 눌리고 들끓었죠
      시집살이, 어디다 풀 수 없는 것들
탐관오리 썩은 내도 명치끝을 치받는 분화구
우울한 나날에 일제강점의 폭압과 착취들, 한치 앞을
볼 수 없던 6.25 전란의 죽음과 이산의 피비린내
4.19와 유신 5.18도 번개처럼 치미는 지뢰탄이었죠
너무 좁고 빼곡하고 겹겹이 촘촘한…, 이렇게 들끓는
냄비는 활화산 분화구 같아 사달이 나는 거죠

무서운 입과 혀

하늘을 물고 땅을 두루 짓이기는 자들이여

산은
뒤틀리고

바다는
뒤집히고

하늘은
물구나무를 선다

염병할 말들이 사방에서 들이받고 발톱을 일으키니

제 생각에 버럭대는 혓바닥만 뱉어서야 되겠는가

더 멀리 날아가 우주를 보아라

별과 별이 무얼 보고 무슨 말을 하는가를……

절벽

우리는 날마다 절벽을 만나지요
　　　자고 나면 속절없이 가로막는 절벽
억장을 부추기는 욕정의 드라마
　　　온난화는, 바로 코앞의 절벽이 되었네요

　　　코로나19가 갈겨쓴 세상은 강퍅한
　　　　　전쟁이 타들어 가는 심지
　　　어느 하나 만만치 않아, 절벽의 절벽
　　　　　발목이 온몸을 뒤틀어 저려요

장차 한국은 부서져 흩날리고 사라질 물보라
절벽의 허리를 붙들 수 없는 거센 낭떠러지
가난과 독재의 절벽을 뚫은 5천년 민족혼의
탯줄을 꽉 부여잡고 5천만 동포여,
　　　얼싸안고 일어서자, 그러면 질러온 웨딩마치가
　　　붕붕 뜨는 놀이터와 탑을 쌓아 별들을
　　　잡는 방방곡곡의 아이들
　　　아아, 드디어 뚫은 제2 한강의 기적이여

벌떡증

국어사전에도 얼굴 내민 벌떡증

- 사기 기만 막말 욕설 저주의 칼날들 새치기,
  왕따 따돌림 갑질에 주먹다짐, 모두 꺼져버려
    - 늘 그 모양 그 꼴 우격다짐에 덤터기 열받아
    - 갇혀 사니 답답해 뒷담도 지긋지긋 그만해
    - 내로남불 후안무치 적반하장은, 으악 퉤!
    - 인색해 지루해 고루해 욱해, 핏발 서
    - 그만 밀어, 아비규환에 아수라장이여,

집안에 갇힌 벌떡증은 창밖이라도 내다봐야 하고
밖으로 나와야 산다
  창안을 넘보는 저 참새 한 마리 밖이 지루해
   벌떡증 난 걸까?
     저것 봐, 벌떡증 박차고 반려견과 반려묘
      천변을 뛰고 있는 반려인들
        친구야 벌떡증 물고 용틀임한들 어쩔 거야
         나와 걷다가 동태찌개로 피날레 하자꾸나

샴쌍둥이의 엘레지

머리통이 서로 멱살잡은 두 얼굴
난 자고 싶은데 자지 말자는 네 말소리
  눈뜨고 감는 것까지 붙어야 산다니…
  네 다리로 걷기란 둘이 포개져 넘어지고
차츰 그림자로 떠돌고, 날마다
거울 속에 비친 난, 쓰레기 산같이 푹푹 찌는 바람
  바위에 부딪쳐서라도 깨지고 싶은 바람,
  보면 볼수록 난 없고 너만 있는, 아니
  너도 나도 없는 빈 껍데기
  더 이상 내가 너일 순 없고
네가 나일 순 없는 먹구름 속에 입술이 타고
나는 너와 붙어살던 토막들이 둥둥 떠돌아
  한 번만이라도, 단 한 번만이라도
  떨어져 살자는 불이 이처럼 타고 있어요

우린 수술대에 매달린 마지막 잎새인가요?

제발, 참 나를 돌려주세요.

음악의 힘

다윗의 수금에 사울왕의 악령이 떠나감이여
　　　상처를 아물게하는 음악이여 영원하여라
BTS 블랙핑크 K-팝이여 흥겨워 영원하여라
트로트 이미자 임영웅, 학전의 김민기 영원하여라
　　　가야금 소리꾼 사물놀이 영원하여라
　　　흑인 영가와 애환 서린 파두
　　　테일러 스위프트의 지진이여 영원하여라
두 발이 수렁에 빠진 세계여, 파리올림픽의
셀린디온, '사랑의 찬가'여 영원하여라
　　　음악은 그 여진과 함께 하나가 되어
　　　헹군 눈물의 노랫꽃들 하나로 하여
　　　곳곳에 아리랑 노래랑 춤사위 일렁일렁
　　　그 물결로 세계가 하나 되어
거짓과 선동이며 화염과 염병들, 광풍에
폭염과 폭우, 폭설들이 발광하는 지구촌이여
　　　라스베이거스에 등장한 MSG 스피어에서
록밴드 U2의 아낌없는 노래와 보노의 연설에,
80억이 하나님의 찬양과 그 무대로 영원하여라

벽화마을

치유의 힘 그림, 그곳에 가 보면 뭔가가 있다
마음을 달래주고 기운을 북돋아 환해지는
    벽화마을, 고구려인들도 즐긴 고분벽화마을의
활기찬 기백과 초월의 우주관이 조화롭게 명징함이여

세계적인 벽화마을 슈메이너스
    다 망해가던 목재촌이 관광 명소로 다시
태어난 고장은 물레방아가 돌고 피어난 꽃들로
초입부터 생생하게 도드라져 옛 문화와 풍경들이
    시간 여행에 빠져들고 그 멋진 황홀감
우리도 다르지 않아, 추적 추적한 골목이
화사한 벽화로 날아오른 은하수 물결
    파랑새와 무지갯빛 햇살로 반짝반짝
통영 동피랑과 부산 감천마을, 폐광촌도
    웃음꽃 피워 포토존을 찍고 추억을 키운다오
요즈음 철로변을 걷다보니 안전벽에 민속촌이 들어와
강강술래며 차전놀이, 세시풍속에 어깻바람 절로나
옛 시절 그리움에 벅찬 돋을새김이여

디스코 춤판

가령 화창한 봄날 중고생들 소풍날 따라가 보면
어김없이 휩쓸던 디스코 춤판이 있었지요
봄바람보다 더 센 바람기
풍선처럼 차올라 둥-둥-둥…
장기자랑은 디스코 춤이 휩쓸고
엉덩이 흔들며 '으-싸 으-싸'…
비비고 비벼대는 발바닥, 쌓였던
진흙 먼지 날렸죠

어깨 날갯죽지 건들건들, 땀내로 데워져
    불빛 보고 달려드는 불나방처럼
    소리소리 펄럭대며
    손가락질 허공을 찔러가며
    가슴속 응어리 으깨어 날려가며

피날레의 교사는 백미요 절창이라
열애하듯 총각, 처녀 선생은 뽐내며 빠른 박자와
함성으로 들끓어, 그렇게 꽃덤불에 파묻혔다오

걱정 인형

묘하게도 미국 애리조나주 원주민들과 같이
과테말라에서도 걱정 인형이 살고 있다
긴 시간 속에서 각기 다르게 진화했겠지만
    그들은 주인의 걱정을 먹고 산다
    배가 터질 것 같아도 끄덕 없다
    체형이 작지만 철심보다 단단한 뱃심
걱정이 태산 같아도 아주 태평하다
사람들의 무너지는 하늘 꺼지는 땅에 눌려
늘 한숨에 치여 사는 짐을 대신 져 주는 것이다
    과테말라인들은 걱정 인형으로
    오늘도 밥상을 차린다

믿음대로 되는 신통방통한 처방
걱정을 대행하는 인형 덕에
    주인은 베개 밑에 넣고 꿀잠을 잔다
    나그네는 노독에 염병 들고
도둑 들까 봐 안절부절못하다가도 걱정 인형을 만나
밀린 잠을 털어내니 만사 OK!, 얼마나 좋은가

1차 버킷리스트 여행

지체 부자유자들의 여행길을 돕기 위해
하룻길 버킷리스트를 골라 도우미들이 모였지요
그들은 기껏 담 밖을 맴돌았을 뿐인데…,
족쇄에서 풀려나듯 꺾였던 날개가 펴지듯
세상이 잠시나마 활짝 열려 내 것이 된 듯
가슴이 후끈거렸어요

새하얀 뭉게구름이 싱글벙글…
차창 밖 가로수 줄지어 두 손 흔드는 풍경들이
반갑다는 듯 조잘거려 주름이 활짝 펴졌지요.
고전古傳이 파고드는 선교장과 활래정이
정겹게 토닥여 준 것과
오늘의 압권은 단목 해변과 솔바람다리 건너
그렇게 좋을 수 없는 오솔길, 누구도 못 말려
솔바람 막무가내로 들숨에 가득 안고
어깨춤 들썩거렸죠

다음 꼽기는 금강산인데, 그 꿈 언제쯤 이룰까요

어느 다동多動주의자의 불꽃

마침 지하 입구로 들어서니 다동多動이다
      땀샘으로 말하는 이가 나타나
"눕는 자는 죽고 움직이는 자는 산다"는
      철학의 숟갈로 떠먹여준다 그는 숲길로
이왕이면 많이 움직여라
      스텝을 밟고 도는 것도 좋지만
봉걸레를 들고 바닥을 닦으면 기쁨이 배란다

왜 그럴까
      땀샘에 기운이 솟아 신나고
땀은 그윽한 체취와 생기가 솟는 명약이니
      활력의 골수와 사랑의 즙과 같은 거
주름살도 펴주고 날 수도 있단다
      따뜻한 손으로 봉걸레를 잡아주면
그가 춤을 춘다니
      반갑고 고맙고 정갈한 마음의 참 빛
햇살처럼 번져 바닥은 빛나고…,
      아, 그 빛과 함께 솟는 불꽃이여

웃음 폭탄

웃음 공화국에는 웃음의 날을 두지 않아도
1년 365일이 무시로 웃음 날이라네요
사람마다 특유의 웃음을 자랑한답니다
웃음 공장과 만발한 웃음꽃 공원이 즐비하죠

전철 안 할머니와 손녀가 마주한 얼굴
약속 아닌 약속인 듯 별안간 빠져든 눈싸움
별별 머리 굴리는 장난 어린 손녀의 눈망울
마음속 재롱으로 얼굴이 환해졌다 어두웠다
　　　여우비를 뿌려대며 잔재주를 부리네요
그 바람에 깜박한 할매의 손등을 때리고 다시 한다
이번엔 예사가 아니다 콕콕 찍어대는 부릅뜬 눈
앙큼한 두 손 갈퀴와 고개를 바짝 세운 코브라의
날름대는 혀, 갑자기 으르렁 대들다가 물러서기를
　　　몇 차례 지루한 장마인 양 팽팽하네요
그런데, 그때 돌돌 말아 내민 손녀의 입술, 여기에
갑자기 포개진 두 입술로 터진 웃음 폭탄
까르르까르르…, 덩달아 주변도 온통 환해졌어요

거울 속에 들다

거울 속엔 잘 깨지는 내가 있다
웃고 울다 지지고 볶는 가족이 들어있다
비뚤배뚤 난행의 유년기
숨바꼭질이
엄마의 얼굴을 찢고 말았다
그분의 혼수인 경대를 깨 먹고
엉엉 울며 내 얼굴도 깨지고 말았다

주저앉아 유리 조각을 줍고
무슨 다짐을 했던가

이제는 만날 수 없는 어머니
난, 가끔 장미꽃을 들고 거울 속으로 들어간다
내 눈의 소실점을 밀며 나비처럼 날아간다
수선화 꽃송이를 머리에 꽂고 기다리시는 어머니
장미 꽃송이를 받아드신 당신의 찻잔 속
거울에 비친…
드디어, 그 경대가 얼굴과 함께 환하게 빛났다

함성

네 안에 당나귀가 살고 있다면
    되도록 빨리 몰아내야 한다
    꺼내지 못한 말이 살고 있다면…
    대대로 이어 당대의 트라우마로
    민초들의 가슴을 조여 히잉- 히잉- ……
    가슴과 심장으로 들끓는 함성이 된다
그래서 프랑스 바스티유 감옥의 습격은 대혁명,
우리는 기미년 아우내 3.1 만세운동의 태극기와
함성으로 터져, 상하이 임정과 중국의 5.4 운동에
    불을 지폈다
고통의 꼭지점이여, 쾌거로 환성이 되지 못하면
    개벽의 새벽을 어찌 맞을 수 있겠는가

필리핀 마닐라에서의 '블랙 나사렛 축제'는
검은 예수상을 에워싸고 눈물로 부르짖는
팔백만의 함성은, 어느 거리축제나 잠실야구경기장의
함성과 달랐다 고단한 일상과 일생일대의 염원이 다
함께 녹아내리는 환호의 절정 위대한 대 카타르시스여

골방에서 울고 있는 아이

나이 들며 몸집은 세월 따라 자랐건만
담은 물이 삐지고 삐걱삐걱 겉도는
마구 떨어뜨려 금가고 깨진 그릇들
나와 네 몸집 속엔
다 알 수 없는 어느 칸칸의
누지고 캄캄한 골방에서
쿠린 꼬락서니 처박고 여태껏 울고 있는 내가 있다
우욱 올라와 갈긴 따귀가
남긴 창 자국이며, 쌓이고 쌓인
못과 사금파리들
가시 박힌 막무가내, 해마보다 더 깊은 속
부글부글 버걱대며
얼뜨기로 발버둥이 치는 아이야
카운슬러가 비춰주지 않았더라면
아아, 놓치고야 말았을…
어서 안아 밖의 햇살로 말려 줄 게
미안해! 한껏 자라지 못한 참 자화상이여

힐링 여행

여행은 듣고 볼거리 먹거리 손 끝에 닿고 가슴에
안겨 새로운 피돌기로 새살을 돋우나니
      여기를 떠나면 어디고 좋다
가령, 알프스로 향하여 할슈타트에 이르면
건물벽을 껴안은 채 웃고 있는 나무들과
버섯을 먹고 사는 장승을 보고 또 한번 놀라고
다섯 방향으로 뻗은 파이브 핑거스에선 병풍처럼
둘러싼 고도의 설산 풍경에 휘둥그레 한 눈망울
시퍼런 호수에 빠져 맥박을 퉁기며
경이로움에 흠뻑 젖어, 비틀린 것들이 바르고
체한 것들은 목젖을 촉촉히 추겨
뚫린 것들은 새 숨결……
      그길로 바트가슈타인에 이르면
도심 한복판에 뛰어드는 위용의 폭포, 그 소리를
맛 있게 먹고 사는 주민들과 관광객의 환호성
      심박수가 춤추는 산울림, 그리고 -가령,
우리 논산의 선샤인랜드에 빚은 밀리터리체험관은
노화을 되돌려 놓는 기고만장의 하이라이트!

호흡 마주보기

세월을 견디다보면 굴뚝연기 같은 시커먼 끄을음
땟국과 얼러치는 것들을 벗기려고 간즈런히
간즈런히 나를 빚어요
- 반려견 반려묘 반려식물을 반기며 길러요
- 물멍 불멍 숲멍도 좋고 나무를 껴안고 춤도 춰요
- 말씀묵상 관상기도 명상 참선에 섬광 일지요

그러나, 몸속을 드나들며 나를 더 잘 아는 호흡들
그걸 잊고 살았으니!
    억지가 떼를 쓰고 몽니를 부리며
    속물근성과 진땀 내로 열받은 호흡들, 일상을
훌훌 털고 숲속 깊은 막사로 가자!
하나, 둘, 셋 … 일곱에, 다섯 세트, 마치
    새벽 미명에 마술처럼 솟구치는 해와 같아라
들숨 날숨의 색깔들이 어울려 춤추듯 하나 같구나!
수심을 덜어내면 순결의 피가 돌고 맑아진 몸과 마음
    퍼득이는데, 그러나, 그 끝
너머 영원한 영의 거듭남은 어디서 찾는 답니까?

가오리와의
　　　불꽃 키스 ─────────────

제2부
인체 · 생리

몸

네가 말할 때도 있지만
침묵할 때 이를 알고 귀 기울여 주는 것 있더냐

흙으로 왔다 흙으로 돌아가는
     오늘 살아 있음의 기쁨이여
먹고 자고 일할 수 있으니 복일세
숨 쉴 수 있다는 기적, 걷고
     노랠 부르고 수다로
     먹보고 듣는 것만 잘 해도 호강일세
몸이여, 너무 고달프다 슬퍼 마오
바람과 물과 구름을 보며 밤하늘 별과 놀다가
     숲의 푸르름을 둘러보며 산에 올라 지른 함성,
     냇물과 강줄기 바다를 만나 기지개로 흔들다가
떠오르는 아침햇살 가득 새벽을 마시면, 몸이여
당신은 거룩한 영의 성전이니 빈틈없이 품을 수 있는가,
영이여 당신은 온몸을 다독이고
하늘에 다가가 경건한 예배를 올릴 수 있는가

키

어렸을 적 걸리버 여행기의 흥미진진했던 이야기며
기둥에 매달려 눈금을 긋던 생생한 추억들

무리를 뚫지 못한 삭개오는
돌무화과나무에 올라서서야 예수님을 만날 수 있었고
거인 골리앗은 작은 다윗에게 무너졌으니…

거인증 소인증에 모두 시름 하는 우리는
인종과 시절 따라 쌍곡선을 긋고, 그래도
어쩌면 좀 더 클까 클까에 매달려도
만원 버스 벽을 넘지 못하고 어깨에 치여
헐떡거리는 이들이여
허우대만 멀쩡하고 옹골차지 못하면, 차라리
작은 고추만 못하다는 야유가 고맙지 않은가

지금도 막무가내인
프로크루스테스의 침대에 누군들 남아나리오

얼굴

타고난 것에 시시로 덧입히는 마음과 삶의
궤적인 얼굴, 천이면 천 만이면 만 천태만상
인종이며 모양이며 색조가 만물 중의 만물상
등고선 따라 중심에 산과 언덕을 끼고
숲과 들판, 호수와 안테나 둘씩에
입말의 분화구를 안고

기분 따라 변하는 얼굴, 오늘도 웃다가 울며
몇 고개 넘었는가
고양이를 좋아하는 건 갓난애와 닮아서라는데
계속 그대로일 순 없을런가
아무렴, 세월은 그냥 두지 않지
재미난 동물 관상, 당신은 무슨 상인가요?
점점 가면에 철면피 복면까지 요지경
양지와 음지를 오락가락,
고흐는 왜 자화상을 수없이 그려가며
무엇을 바란 걸까, 그러고 보니
난, 왜 자화상을 한 점도 남길 수 없는 걸까

뇌와 못

나무는 어지간하면 쉽게 박히지만,
      바위에다 못 박기란 어렵더군요
사람들의 뇌세포는
      자기 암시로 못 박는 이도 있지만
종소리 먹이 반사로 못 박힌 자들이여
      벽에 박힌 못은
벽이 무너져도 그대로 안고 간다더니
      사람은 어떤가요
젊었을 때 한번 박힌 거울 뉴런과 해마 속
      더러 역광의 암시로 차차 못을 빼듯
지우는 이도 있지만
      무너져서도 그대로 안은 채
늑대가 되어 좌충우돌한다는데
      누가 저 못을 빼 줄 수 있을까요
벽이 제 못을 빼내지 못하듯
      사람도 그래서
호된 장도리를 대야 하는데
      아아, 누가 그걸 해 줄 수 있단 말가

눈

현자는 머릿속에 눈이 있어 구만 리를 보고
나는 밖에만 나 있어 우둔한가 보다
    천사는 온몸이 눈이라는데
    눈은 그렇게 많을수록 좋은가 보다
    눈 뜨고 못 본 건 감은 만큼 보이고
눈치코치로 잡은 느낌, 눈물로 사랑할 수 있음이여

살다보니 부지기 부지기 눈꼴신 무리수
나는 선잠 깬 벌건 눈, 당신은
물기 어린 맑고 초롱초롱 검푸른 빛 눈동자,
길눈 어두워 맴돌다 가는 동태의 뒤태와
해안선을 따라 소실점을 밀고 허공을 맴도는 독수리들

    오호라, 밤하늘 꽉 찬 별들의 눈빛
송이버섯도 눈이 밝지 않으면
    낙엽에 이끼인 줄 알고 그냥 스치거늘…,
선지자 엘리사가 본 여호와의 군대를
    사환만 못 보는 불안증
순교 현장의 스데반이 본 영광, 번쩍 열린 하늘이여

귀

    귀는 뇌 모양을 닮아
    소리와 말을 먹고 사는 민감한 안테나
    천사의 말과 귀신 씻나락 까먹는 소리를
    들을 수 있다면 신의 경지라지요

    한바탕 춤곡을 틀어주세요
달콤한 말은 아예 왕도 곧잘 넘어진답니다
하늘 문이 열리고 닫치는 걸 잘 듣고
    당신은 오염된 귀를 자주 씻나요

    한쪽만 열면 짝귀 '지혜는 듣는 마음'
맛 있는 귀띔에 귀동냥, 때론 귀에 거슬리더라도
차 한잔 나눠 마시고 늙은이는 꼬치꼬치
    캐기보다 그냥 넘기며 즐기세요

몸에 대고 자주 듣나요, 귓속의 이명耳鳴은
속앓이, 대부분 뜨끔뜨끔 가슴이 아파우는 거래요
시샘 많은 귀라면 우듬지를 쳐내고 잘 가꾸세요.

코

백두산의 콧대로 불함문화권을 이룬 우리 고대사
인체중 코는 흙의 아담에게 불어넣은 생기로
      흘러든 생명력이
      폐부를 뚫고 생령으로 충만했던 거죠
그래서, "어느 간절함이 이렇게 불붙겠느냐"
하시는 음성이 들려요

며칠 굶어보면 코가 제일 먼저 앓아요
밥냄새로 앓고 코골이도 잠 못 들지요
      임란 때 코 베다가 저린 무덤
      콧등이 시려 와 콧등을 만져요
눈을 감고 매 순간 들숨을 태워 깨진 생령을
꿰매고 있어요
      방독면을 쓰고 코 묻은 밥을 먹고
      코딱지 문구를 지나기도 했어요
자궁을 빠져나온 태아의 첫 울음의 진동은
죽을 땐 21그램의 영혼이 빠져나가는 것과,
      그건 무엇이 어떻게 다른 건가요

입

　　　가진 건 없어도 입은 있고요
　　　가진 것은 많아도 입은 하나네요

부러지지 않는 혀와 부러지는 이빨을 숨긴 채
입술을 사랑하는 당신과, 눈을 더 사랑하는
나 사이엔 높이가 다른 틈새기가 있지요
산다는 게 목구멍 때 벗기기로 즐기는
당신과, 삶에 든 무게를 밥상에 달아보는
당신 밖의 당신

입 구ロ는 입을 잘 알고 있다지요
남자男子란 열 식구를 거뜬히 먹일 힘
없이는 살아낼 수 없다는 것을, 그렇지만
아귀처럼 먹어대는 에리직톤의 신화여,
탐식은 중세 수도사들이 경고한 죄목이 아닌가요

　　　천국과 지옥을, 입방아 질로 건너뛰는
　　　사람들, 어-참, 보기가 망측하네요

목

목은 숨통과 식도를 감싸고도는 기둥입니다
힘이 솟구치듯 든든한 우군이지만
가냘픈 넝마주이로 추락할 수도 있지요

    키는 뒤꿈치 올린 만큼
    목을 뺀 만큼 더 늘어납니다

목이 굵은 사람 가는 사람 목이 곧은 사람
긴 사람 짧은 사람 목마른 사람까지도
목에 밧줄을 걸어 끌면 노예가 됩니다
목은 밥줄이며 숨길이라 맑고 고와야
즐겁게 울려 아름답게 노래하지요

    아무리 아름다워도 목을 보아야 압니다
    내가 누구인지를 알리는 얼굴을 받쳐들고
    일생 고생을 사서 하는 그 갸륵함이여,
    누구든 목을 졸라매거나 치는,
    결코 무지막지한 일을 하지 마세요

가슴

이땅에는 닫혔거나 열려있거나
심지어 어정쩡한 가슴들이 살아간다오

  심장과 허파를 껴안고
땅과 하늘을 재가며 돌고도는
  핏줄과 숨결들,
웃음보다 눈물을 더 받아먹기도 하지요

이런 가슴에 별들이 살고 있어요
  하늘이 고향인 별들,
그래서 하늘이 안겨 있지요

가슴 안 정원에 내려와
  착한 마음씨를 심고
꽃밭을 가꾸는 천사들,
  머리보다 가슴이 따뜻해
하나님도 여기에 머무시지요

심장(값)

심장에 꽂인 하늘의 말씀 심장값, 이 세상을 지켜낸
세종대왕 이순신 리빙스턴 슈바이처… 이들의 심장값

    피 끓는 용광로인 가슴 속에
    러브-스토리 뛰노는 태양의 응결체여
    그대의 기쁨은 언제인가

이대로 망가질 수 없다는 방점에 악착꾸러기
잠들거나 멈출까 봐 출렁다리도 건너 보고
산악 트레킹에 암벽타기도 하는 건가

    꾸벅꾸벅 졸려도
제 무게보다 더 무거운 걸 들고
    오리를 가자면 십리도 걷고
    오른 뺨을 때리면 왼뺨도 내주는
십자가로 향한 심장의 고동은 아가페 사랑
신앙과 철학의 응결체여

손

핸들을 쥔 저 손 히틀러처럼 어디로 튕겨갈까

우리가 손에 손잡고 지구를 돈다면 얼마나 좋을까

인도네시아 마로스 동굴의, 4만년 전 선사인들은
손을 왜 벽화로 남겼을까

논밭 빌딩과 다리와 선박 비행기들도 손이 모태지요

불맛 칼맛 손맛 중 엄지척은 엄마의 손맛이라는데

백 리 안팎으로 퍼낸 손의 향기, 당신은 어떠신가요

물 위로 내젓는 저 손, 어느 누가 잡아주나
평생 곡괭이질로 지문도 손금도 뭉개진 손들이여

일곱 금 촛대 사이에서 일곱 별을 잡고 계신
그분의 오른 손을 보시나요?

발바닥

오늘도 몸을 지고 일어선다
　　　발바닥은 신세를 진만큼 이라지만
그보다 더 해넘이를 건너짚고 걸었다
　　　제 살 남 주겠다며 걷다보면
알게 모르게 스며든 노독이
　　　물집을 터트려 울어주던 거 얼마였던가
잃은 것보다 얻는 게 많아야 하고
　　　때묻은 잔뼈들도 꽁무니 빠지게
장단지와 허벅지는 근력을 키워야 한다며
　　　무게 중심을 채워주고
허리 역시 동병상린인지라
　　　서로 간에 사랑해야
무난히 살아갈 수 있으려니
　　　몸이 가장 고달픈 하루는 언제인가
발바닥이여, 맨몸 아닌 짐짓 제 몸보다 큰
　　　한여름 바람과 햇살도 버린
바위를 굴리며 시시포스처럼 산간고갯길
　　　봉우리를 구불구불 오르고 또 오르지 않았던가

숨결과 춤결

숨결은 메마르지 않고 촉촉한 걸 좋아해
추욱 처지는 것보다 출렁거리는 걸 좋아해
    리듬을 잘 타고 흥얼흥얼 즐겨해
    때로는 한량처럼 바람이고 싶어해
이때라 싶어 훤칠한 춤결이 달라붙죠
춤결은 광대야, 춤판을 벌이죠
네팔의 히말라야 산골 빠랑게 마을엔
    막 따온 석청을 씹으며 조린 가슴
숨결을 화악 풀어놓고 흥겹게 춤결로
    받아 서로 어깨 들썩들썩 먹여주죠
밥상머리에 숨결이 꿈틀거리는 설맞이
    중국 징둥이족의 쟁반춤을 보면
팔다리 엉덩이 몸짓 어깻짓에 날개 달고
    버젓이 휘젓고 으스대며 껑충껑충
잠든 끼 깨워 잽싸고 날쌔게
    언제 보아도 넘어질 듯 일어서고
삐틀삐틀 하늘을 훨훨
    오두방정이 놀러왔다 기절초풍하네요

눈곱

나이가 늘수록 추잡기가 는다는데
몸에 돋는 가시처럼 늘어만 가는 불청객
그중에 애물단지 눈곱은
눈가에 달라붙은 호박죽 찌꺼기,
누군가는, 눈물에 귀지를 죽 쏜 것이라 하고…

몸 안에 떠돌던 부유물들이
몰래 잠자리를 훔치다가 쫓겨나
잠든 곳이 눈가 처마 밑 노숙인가
자꾸만 훌쩍거리며 달라붙는 애물단지

눈물도 밥인 줄 알고 빨아먹고 자란
애벌레가 까놓은 배설물들,

하루종일 다니다가 무뎌진 걸음
무심코 바라본 거울 속 얼굴, 노린내 한 무더기

아하 낯 뜨거워 뒤통수 가렵다

잦은 하품

     사람도 하마과에 속하는가 보다
쫘악 벌려 부풀린 입술의 함이 가관이다
어떨 때는 나도 모르게 소리가 광대무변이다
     그래서 나도 놀랄 때가 있다

     남모르게 입술을 가려가며 눈물
찔끔거릴 때도 있지만 기침처럼 솟구쳐
     속앓이 사고뭉치다
연속 허둥지둥 하다가 언뜻 하품대회가 있다면
     금메달감이라는 생각

     이를 악물고 뱉지 않고 삼키려 해도
망신살과 부딪고 계면쩍어 두리번거릴 때도 있다
     꽉 붙잡지 못한, '으허˜' 소리와 함께
벌린 한입에 주변공기를 몽땅 빨아
     쓸어 담고 얄궂게
독식하는 모리배 같아 미안한 적 많다
피곤에 쩐 탓일까? 자꾸자꾸 빛 바래는 소리!

고뿔

기침이 콧물을 부추기는 건지
   콧물이 기침을 북돋우는 건지…,
코에 불기운 일어 붙여준 고뿔, 그 어원
분분하지만 순수한 우리 말이 좋아
   이 말을 챙겨 쓰고 있지요

어린 나이에 주체할 수 없었던 콧물
   감기가 줄을 지어 앞서거니 뒤서거니
겨울이면 항상 두 줄기 유프라테스와 티그리스
강물처럼 흘러 내렸던…, 그런 때에도
   밥상머리를 끼고 보리밥에 된장찌개
허기를 달랬던 기억은
정체를 숨기며 오리발로 골탕을 먹였던,
   그래서 끙끙대며 살아온
과거를 소환하여 따지고 싶은 충동,
그런데 이보다 더한 독종이 드나들며 물어뜯고
   코로나19도 변종을 거듭하여 달려드니
그래서, 그래도 고뿔이란 놈이 낫다 싶다

가오리와의
　　　불꽃 키스 ────────────────

3부
자연·문명

아라 홍연 특별전

달빛 타고 달나라나 타임머신을 타고
모세와 아론을 만나 홍해를 건너면 얼마나 좋으랴!
중국 북동부 어느 바닥난 호수 1300년 전과
    우리 함안의 700년 전의 연꽃 씨앗이
재생을 꿈꾸는 냉동인간들의 가슴을 설레게한
    부스스 깨어난 경이로운 부활이여

낮에 일하고 밤잠에 죽었다가
    새벽에 깨는 건 부활이 아닐까
이런 숨박질보다 더 머언 날갯짓 소리
함안의 아라 홍연 특별전을 세종시에서
보고 평생소원 한 자락 풀었지요
    고려시대까지 긴 시간여행을 한 것이니…

한 잎 한 잎 하양 분홍 선홍빛 은은히 빛나고야
    그 맑고 청순함의 고고함이여
어진 고풍에 예모다워 절로 고개 숙여 여미고야
그 품에 숨비를 풀어놓고 700년 잠들고야

천 송이 장미원

한 그루에 열 송이씩 어림잡고 천 송이로
    연애 시절 약속을 지켜낸 사내
    '천' 씨에 '송이'라는 이름의 여자
화훼농원의 딸로 미대에 다니며 연애를 잘해
크고 넓은 대지 뒤란에 지은 2층 집은
    보란듯이 아치형 넝쿨장미터널로 통하고
    대칭으로 50주씩 떼 웃음 짓는 우아한 정원
5월이면, 벙그는 애교 더욱 장관인 장미꽃 덤불
새벽 이슬에 송이마다 살살거리는 감미로운 눈결로
    서로 경연하듯 궁정 속 같은 깊은 미로들 틀고
    펄떡거리는 심박수로 벌 나비들 꽃술에 빠져
허리를 붙들고 너울너울거려요
꽃향과 형형색색의 꽃멀미에, 휘둥그레
    겹겹이 눈 귀 밝아지고 콧속은 맑아
    부부는 포치에 꽃다이 앉아 차를 마시며
영화 속 주연처럼 눈짓교태가 식을 새 없네요
    5월 달 밝은 밤 이웃을 초대한 티-타임
품평과 감상에 하하 호호 출렁대며 더욱 가관인 걸요

밤 숲속을 걷다

6월이면 달빛이 도란도란 먼저
      말을 걸어왔지요
동네 처녀들이 몰래 총각을 기다리고
      발정 난 밤꽃들이 퍼질러 놓은 향내로
엿듣는 소리 사라지고
      밤새 달빛 목욕에 방창한 밤꽃들의
가슴 한 켠에 방 한 칸씩 새벽마다
      시샘 많은 별들이 찾아들었지요

철 지나면서 시들고 꽃진 자리에
슬어놓은 새끼들
      누구도 손댈 수 없다는
      노- 터치로 박힌 가시울타리
그 속에 잠든 아기별 밤톨들
꼭꼭 걸어둔 자물쇠를 비바람이 두드리고
      햇살이 쪼아대니
      가을철 벌겋게 벌어진 산통에
마침내 지상으로 낙하한 별똥별들이여

수국바다에 빠지다

　　　수국이 만발이다
　　　바다가 따로 없다
형형색색이 넘실대는 수국바다
온 얼굴이 싱글생글 웃고 있다
　　　팡팡 노랫가락이 절로 터져
　　　춤을 추고 있다
요것들이 그 맛으로 초여름을 활짝 피웠으니

　　　기쁨에 들뜬 울렁증
　　　수국바다는 벌과 나비 떼를 불러놓고
실컷 제 젖가슴을 열어준다
카리브해를 끼고 감도는 도미니카 공화국의
　　　바하타와, 흑등고래의 쌍쌍걸이 춤사위가
　　　광렬하게 오르가슴에 싸이고
이리로 와 열광하듯
쌍쌍의 웨딩드레스와 연미복의 신랑 신부
　　　점점 더 거세게 몰려드는 인파에
　　　모두다 푸욱 빠져 열연이구나

숲으로 오라

　　　숲의 품을 떠난 도시들은 병약하다
　　　난개발로 숲을 떠나 무덤을 판지 오래다
어디를 가든 숲은 풍요를 부르고 치유를 꿈꾼다
가령 아프리카의 울루구루산과 킬리만자로 숲속
　　　차가족과 루구루족의 마을은
플랜틴 바나나 숲이 내준 튀김과 커피의 향과 맛에
　　　전통주 음베게까지 발그레하여
그 가락과 녹색 리듬은 유유자적 남다르다

　　　누가 숲을 벗어나 발버둥질 하는가
아등바등 오른 의자에서 누가 고꾸라져 우는가
　　　라플란드의 숲으로 오라
　　　자작나무 찜질에 불콰해진 혈색으로
　　　뛰어든 호숫물, 연어와 벗들이 많아
청정의 빌베리며 버섯류, 소시지는 구워 먹고
　　　양 떼 소 떼와 함께 순록과 썰매
흔들의자에 누워 머리에서 발끝까지, 우-와
짜릿함에 펼쳐놓는 오로라의 대장관출이여!

추억의 제방

채운과 성동벌은 금강 샛강 내포평야의 한자락
그 사이로 놀뫼와 갱갱이를 잠잠히 누워 하늘로
발돋움한 평화롭고 푸르른 제방이, 두 행의
   시를 쓰며 머무른 관광열차 같았죠
   심장에서 단전으로 읊는 사이
   하늘도 든든한 배경이 되어
봄비가 내리면 무논은 히죽히죽 웃고
쟁기질로 가득차 곧장 꾸린 못자리들
그해 모내기는 꿈을 꾸고 그 뒷심은
   커다란 뱃심을 키웠죠
그렇게 벼들은 햇살과 바람과 구름의 품앗이로
포기를 번지며 싱싱한 초록물결에 황새들도 몰려들고
제방에 올라서면 클로버 꽃길과 함께 순하고 정겨운
서정에 젖었어라, 자전거 등에 걸친 연인이여
   지평너머 푸른 숨결 흥겹지 않은가
   밤마다 별빛을 깔고 달빛에 알을 슬어
초록 융단이 노랗게 물결치는 황금벌판, 그러나
거센 장맛비에 옆구리 터질까 봐 아찔거린 조바심이여

가을풍경 한 점

      정갈한 풍경은 고즈넉한 그림을 낳고 시를
      불러 내 마음 깊이 눌러앉았어라

순혈純血의 영혼을 불러들인 청명한 가을하늘
서로의 영성을 보듬고 깊이 스몄어라
누런 햇살에 널어놓은 한 폭의 들녘,
눈치 10단의 새들은 논배미에 올라타 눈웃음 짓고
감독 9단의 허수아비는 쓴웃음 적셨어라

      길녘이 숨어든 과수밭 한 뙈기
      갯물은 낚시꾼의 손맛으로 찰랑찰랑 춤추고
      저 멀리 날아드는 철새들은 낙원에 이른 듯
      조요로운 날갯짓, 부드러운 바람 일구어라

울긋불긋 단풍 든 잎새와 고개 숙인 곡식들
어둠은 길가 미루나무를 베고 낮잠에 빠졌는데
돌 아기 입술 같은 붉은 양철지붕 한 채가
어디선가 자장가에 젖어 하늘 꿈 서렸어라.

신명풀이 장고도

높새바람 하늬바람 풍랑들이 몰려와
장구춤을 추는, 대천항 1시간 거리 신떨음 섬
옛 정취 따라 장고도를 메고 중모리에 중중모리를
지나 신명풀이 휘모리장단을 쳐대니
기암괴석에 백사청송들의 어깨춤 들썩들썩
구경꾼들 굴 조개 낙지 해삼들이 모여들고
꼭꼭 숨겨 둔 돛단여와 까치놀에 서면
명산대천에 무릉도원이 따로 없더이다

장엄한 경관 곰솔에 해당화 백사장, 누가
명물 코끼리 바위를 깨부수었나
아치형 용굴 바위, 태풍 매미에 당한 애통이여
그 너머 명장섬은 전국 민속제의
장관상을 한 몸에 휩쓴 '등바루놀이'터
걸출한 해안국립공원의 낙원이여,

모세의 기적 홍해처럼 바닷길 갈라지던가
명장섬 가는 길 열려 사람들 발끝에 닳더라구

물결

    물결의 물결을 파도라 하자
    아이들의 손등을 간질대는 잔물결은
    파도의 몇 백만 분의 일쯤일까?

우주에서 가장 큰 물결은 불렉홀일까
수증기의 얼음덩어리가 물결을 이루며 떠돌다가
성체를 이룬다는 학설도 있다던데,
도대체 은하수의 물결은 얼마나 될까
운석이 지구 바다에 떨어지면 그 파문 어쩔고?
바닷속의 지진과 폭발이 해일로 삼켜
해안의 도시들이 무너지는 쓰나미
비극의 아수라장을 오래 간 보며
연거푸 태풍의 눈들이 부라린 삼각파도로
망연자실을 재촉하니 산천이 벌벌 떨고 있구나

    내 가슴 속 물결을 설렘이라 하자
    설렘의 설렘은 무어라 하지, 아무튼
    아이의 손등을 간질일 수 있을까?

동초하초 사냥꾼들

      이들에겐 생명줄인 동초하초,
동티베트 고산 오지의 바람과 재만 날리는 하늘
감춰진 금맥을 찾듯 산등성이를 오르고 내리며
      목숨을 버텨내는 유일한 힘줄

      고향을 놔두고 꾸역꾸역 몰려든 동료들
후들거려 걷기도 힘드는데
두 손 잡아 일으켜 주고
      걷거나 뛰며 개밥바라기 너머로
단꿈에 젖게 하는 꿀샘 같은 거
정해진 기간만큼 살아내야 할 심장 같은 거
      짓무른 오금도 팔딱거리며
팔꿈치와 무릎뼈가 부서져 깨질지라도
뭉갤 수 있는 금강석같은 거

      가난에 절여 허기에 게걸들린 우리 사랑아
반가워 번들거리는 얼굴들이 번쩍지나
      만나기가 무섭게 생이별이구나!

좁교*

이 울적한 날 '좁교'가 떠돈다
    저 히말라야의 무스탕에서
    거친 바다로 떠돈다
사람들의 이기로 생의 곡마전, 이들에겐
    그 출생은 극비의 비명
    달밤에 목메인 하늘에 묻는
이 짐승을 보면
    납치된 듯 유폐된 듯
    꼬불쳐진 그 숙명은
너무 야속하다
    어미와 아비의 정체가 바닥난 채
    불임의 문턱을 벗지 못한 외돌톨이
옆구리에 짐만 잔뜩 지고
    비탈길에 목숨을 버려 도망쳐도
    도로 제자리라니 나를 업고
오오 대붕이여, 날개를 넓게 펼쳐 제발 벗겨다오

*무스탕 지방의 짐꾼으로 야크와 물소의 이중교배로 생긴 짐승

멋쟁이 바람

멋쟁이 바람은 바람을 피울 줄 모른답니다
    오직 바람을 타고 부릴 뿐이지요
타고 부리면 신호등은 곧장 파란불로 바뀌고
    거침없이 꽃들이 피어나네요
남장 여장 변신은 멋 부림의 자유재自由財
    뭉게구름 드레스에 하이힐을 신고
고양이 수염을 훈훈한 숨결로 얼러대며
    풀과 나뭇잎을 뽀뽀로 문지르네요
말갈기 휘날려 구름 목장을 달리다가
    빨간불을 보면 위험한 손을 잡아줘요 그리고
카리브해로 떠나 페러세일링과 스노클링에
    푹 빠졌다가 바니사구에서 샌드보드를 즐기지요
혹등고래와 함께 꼬리지느러미로 물장구를 치며
    바람기 짝짝거리는 짝패들의 냄새를 맡고
돌아서서 멀리서도 따귀를 갈기는 결기는…
    연꽃 자욱한 앞자락 홍조가 그립고 그리울지라도
그 향내에 서너 걸음 물러서서 날리는
    굿- 바이! 굿- 바이! 그건 내공의 힘이라지요

밥물

밥물이 된다는 게 그리 쉬운 일일까요?
살아 감정선이 흐르고야,
즐겨주는 사랑이라 하지만
고비마다 상흔이 남는지라……

  목숨 같은 밥
  밥물이 된다는 건
  사랑의 먹이사슬, 그래도
  그 사랑 그리워 밥물이 되었지요

 - 그래, 그냥 덤덤히 떠도는 것보다
   곡물과 섞여 더 깊은 삶을 꿈꾸자 꾸나
주먹 쥔 손
마침, 서로 마음속 울림들
키워 그 자리를 지켜내고
불에 뛰어 들지요, 마침내
그 장한 에너지로 땅을 갈고 씨를 뿌려
공장이 돌고, 세계를 떼지어 내닫네요

청계천은 힘이 세다

그때 서울시장이 유명세로 휘돌아
전국의 입들이 침을 튀겨내며
    귀청을 물고 꼬리치는 바람에
    하루에 수십만이 몰려와
청계천 문턱은 얼마나 닳았을까
다 닳기 전에 구경 한번 챙기고 싶다는
아내의 등쌀에 달력에 O표로 둘러 논 날짜가
    몇 번씩 부도나고 O수표로 달아날 때
    아내의 표정은 자꾸만 늙어갔다
그래도 유효사거리 내에 있다는 타켓을 끌어들여
    팔월 중엔 끝장을 내자고
향한 발길을 서울역 하늘 아래 풀어놓고,
동대문에서 종로 쪽으로 줄곧 청계천변을 걸었지요
    좁고 야트막한 동네 개울 같은 맑은 물살로
뛰노는 청계천을 밑바닥까지 뚫어지게 바라보았죠
카트기 굴착기 브로도저 덤프트럭들의 매운 냄새들을
    뽀얗게 씻어내는 물길이 대견하여
맨발로 물장구치며 한강보다 센 청계천을 마셨죠

유등천변을 걷다

풍경이 그리울 때면 거들대며 유등천변을 걷지요
      한때는 버들 왕국을 이루었건만 지금은
흔적만 흘린 채 갈대와 잡목이 우거지고
억새도 총총하네요 깃대종인 감돌고기를 만나고
      추억의 노둣돌인 양 겅중거리는 징검다리
네 길 따라 솔깃대며 걷는 맛 감칠하구나
돌틈 사이로 랄-랄-라 흐르는 물소리
      능란한 연주로 모여든 사람들: 낚시며
      장기와 바둑과 체육놀이에 모래밭 밟기,
그것도 좋지만 물멍에 기대어 세상을 날려버려요
봄부터 번갈아 피우는 야생화들의 조요로운 내조여
      여름엔 금계국 개망초 만발해 별천지 걸요
이렇게 너른 풀꽃초원은 새들의 밥상에 오르고
비둘기 떼의 놀이공원과 까치 공화국의 영토인 걸요
뿌리공원으로 통하는 사이클 동호인들의 한 떼 두 떼
      세 떼… 직선과 곡선들이 굽이치는 파노라마며
잘 다져진 둘렛길 제일의 쉼터 왕버들 보호수 아래
      정여울 가득 순백의 백목련 꽃숭어리들이여

가오리와의 불꽃 키스

보라보라 섬의 에메랄드빛 바다
이 바다의 생태계는 자코메티는 못했으나
스노클러의 말을 들어줄 명징한 해법사로
자유로운 포옹과 치유, 유희의 놀이터였을
아드레날린을 풀어놓고 - 누구든 안기거라
그대여, 안식과 평화를 갈망하는 그대여
불안과 포식이 없는 곳
물속이 맑아 마음이 환하고 밝다
너와 난, 바로 하나라
감미로운 사프란 같은 향내로 퍼져
상어와 가오리며 누구와도 숨바꼭질하는 놀이터
우정이 모여 열정과 사랑으로
심장과 심장을 맞댄 설렘이여
정받이 물결에 춤추며 바로 침샘에 흘러든
귀를 잡고 가오리와 진한 입김을 뿜어내니
아아, 그 짜릿한 천둥같은 키스에
아드레날린 꽃들이 만발하였구나 나도 모르게
북받쳐 폭소를 날린 영원한 불꽃 키스여

칼리의 살사 축제

세계의 곳곳에 축제바람이 불고 있다
      서로 이웃이 되어 관광과 놀이패들의
무대로 노래와 춤은 명품 패션이 된지 오래다
      세계를 무대로 언제나 열려 있는 깃발
무소부재의 퍼레이드와 함께 춤은
      산천도 발기하여 사위가 살아나나니

콜롬비아 칼리의 살사를 보아라
      그 축제의 밤은 마지막 맨발이다
칼리의 거리로 몰려든 그들의 집약은
      4Km의 퍼레이드로 꽉 차서
모두 빈 머리통에 살사의 광기를 쓸어안고
      현란한 동선들, 그 광휘는
무동이 된 무희들과 함께 공회전으로
      길바닥에 가쁜히 내려앉아 들썩인다
온통 무아지경에 피끓는 용솟음들
      격렬한 율동을 태우는 발칙한 생명의 불꽃들은
달려온 마지막 숨결마저 모두 태워 재로 날리는구나

도서관

서가의 성벽들 병렬로 줄지어 있다
      한 권 한 권의 저작자, 그들의
피땀과 눈물과 잠 못든 시간들이 줄지어 서 있다
      질서정연한 숲이기도 한,
숲속에 빠져있는 독서인들
      책을 펴니 글자 하나하나에 촛불이 켜지고
그 빛들을 빨아들이는 수정체는 바쁘다
      오작동 없이 끌로 파듯 정독하며
필기하는 열공도 눈에 띤다

고른 책을 한아름 안고 웃음을 만끽하는 아이들
우리의 희망이다 개중엔 나이든 여장부도 있다
      독서 처방으로 치유의 길이 열린
      자신만의 색깔로 제목을 찾아 훑고
야무지게 골라 게걸스레 먹어 치우는 거인들
      고대 이집트 문명을 끌어 올린 비밀병기가
알렉산드리아의 도서관이 아니었던가, 인류 최고의
      발명품을 품고 축제로 즐겨야 하는 거 아닌가

생태와 평화를 위하여

썩고 죽어 사라진 것들과 눈이 멀고
뒤틀린 변태들이 동동거린다
자꾸 메말라 모래폭풍이 도는데
화들먹거리며 달라붙는 화석연료들
독한 미세먼지를 몰래 꼬불쳐 놓고
날씨는 폭염과 극한을 들쑥날쑥,
　- 호되게 매우 쳐대라는
　　벼락과 지진 쓰나미 태풍과 토네이도며
　　발기발기 찍기는 산야며 건물과 세간들
　　이런 앞길에 무슨 명분인들 설 수 있을까

선각자들의 예고를 멀찌감치 밀쳐놓고
산더미 같은 죄가 쓰나미처럼 덮쳐 와도
모르쇠인 우리의 작태가 아니던가

이런 통탄에 고개를 들 수 없어 모인 양반들
연합군처럼 뭉쳐 영구한 '생태와 평화'를 꿈꾼다
다들 모여라 막오른 'DMZ 오픈 페스티벌'이여

가오리와의
　　　불꽃 키스 ───────────────────────────────

4부
인물·전통문화

씨름꾼, 박지원

우리 역사의 걸출한 문장가요
호방한 인걸인 당신의 도전에 걸맞는
'열하일기'는 천만 대로 길이 뻗어나리니

과거科擧보다 백수에 생애를 걸고
자연의 순리따라 즐기신 당신의 생애에는
문턱에서 기다리는 저승사자들이 왜 그리 많았는지요
늘 샅바싸움에 매달려
업어치기나 다리걸어 밀치거나
들어올려 배치기
아니면, 타일러 보내야 했으리라고 봅니다

몽환처럼 앓아야 했던 가족과 육친의 죽음이며
절친 이희천의 죽음과 이몽직의 급사가
혼절하듯 몰려들어 봉분을 날렸다지요

자신의 죽음도 즐기시며 나눈 술잔, 슬기와 해학은
저승사자가 마침내 사부님으로 모신 탓이 아닐까요

백의천사 나이팅게일

19세기 하늘의 별 중 지구에 제일로
      파송된 백의천사 나이팅게일이여
스스로 멍에를 메고 비명의 크림반도를 잠재운
      부상병들의 벗, 어머니 천사여

젊은이들을 살육전에 몰아, 왜
      참혹하게 죽여야 하는가의 번뇌는

간호와 치유와 간절한 기도로 번개처럼 스쳐
      너무나 헐후하고 엉망진창인 위생
똥구덩이 썩은 내 무엇 하나 제대로 안 될 때,
      누구도 생각치 못했던 섬광을 푹-푹-
삶아 새 씨를 심고 다독임이여!
      울부짖는 젊은 생명들을 혼신으로 감싸안고
섬김의 미학을 신화로 일군 불꽃 에너지
      한 생명이 천하보다 귀한 박애의
짐을 생애처럼 지고, 등대지기로 그 횃불
      드높인 영원한 생명의 백의천사여

고 허보경 선생을 기리며

당신의 삶이 바로 춤이여!
춤으로 태어나 춤으로 마감한 한평생
    큰 북춤 잘 일궈낸 큰 어른이시여!
삼천리 강산 먹여준 흙들도 고마워 고마워하는
비록 허튼춤이지만 우리 조상님들 신명 가락
'둥-더덕-덕' 진가락, '둥둥 더덕-덕' 자진가락
둘둘 말아 멋지게 휘어 감는 밀양 꼼배기참놀이
    머슴날 양반춤 범부춤 오북춤 맛보기는
    걸음새 배김새 고개 놀림부터 반한 터라
세계 만백성에 그 큰 울림이여!

훤칠한 키에 밝고 환한 얼굴도 하얀 도포와
상투에 하얀 중의적삼 옷댕기와도 참 잘 어울려,
    짚신 신고 큰북 메면 농사일도 놀이처럼
    북잡이 풍물패들 얼씨구 절씨구 어깨 절로
    우리 모두 살판났지
당신의 살으려기 살자미 신명풀이 그 큰 북춤
이어 이어 더 멀리 더 밝게 솟아올라라!

회화사를 빛낸 클로드 모네

순간순간 빛살과 색정들이 뭉뚱그려지고 꿈틀거려
새로운 화풍을 움켜쥐고 활짝 열어 제쳤으니

모네를 보았는가?
   빛의 신비에 목말라, 매 분과 초까지도
속속들이 먹고 마시고 다시 태어난 혁명아
그 광기를 발산한 일생은 '해돋이'를 보라
   반짝반짝 뿌옇고 붉고 푸른 빛살로.
   끈기를 캔버스에 대고, 영글거나
시들거나 춤추거나 하는 오묘한 빛들을
촉으로 날을 세워 붓칠한 생라자르역의
   새로운 기품에 눈빛 쫑긋하여
   그의 생체리듬 반짝거렸던 것 아닌가

건초더미와 포플러에, 대성황을 이룬 수련의 연작들
아아, 놀랍도다 지베르니 정원이여 오랑주 미술관의
수련대장식화는 우주의 가르침을 득도한 갈채여라
   오오 인상파여, 우리 명화사에 영원한 모네여

이중섭 국민 화백

원산을 떠난 것은 다행이어요
  그러나 전쟁과 고난이 궁핍으로 몰아
뼈골이 무너지고 가정도 무너져
  이산의 고통과 병고
국경을 넘나든 사랑은 얼마나 뼈저림였을까요
  결혼까지 밀고 간 힘은
하늘의 용광로에 녹여낸 최애最愛가 아니면
  어찌 말할 수 있겠어요
벌떡벌떡 치받는 '소'의 뼈와 힘줄이
  민족혼으로 살아나 당신은 영원한 국민 화백!
맨해튼 볼링그린파크의 '돌진하는 황소상'을 보면
  그 앞엔 무적이 있을 뿐 어쩌겠어요
  바람이 붑니다 오늘도 현해탄을 넘어가네요.
아내 야마모토 마사코의 무릎 앞에 은박지도 좋고
애틋한 손 글씨와 빼곡한 그림이 차곡차곡 쌓였어요
전시회를 열었어요, 간절한 최애, '엽서화' 묶음
  떨리는 마음, 막힐 줄 모르고
아아, 이제라도 골 깊은 포옹 원 없이 펼치겠네요

〈군상〉과 이응노 화백

    감옥이 화실이었던 이응노
    어릴 적 목말라 굶주린 한국화를 채우고
현해탄을 건너 일본화와 유화도 섭렵했건만
54세에 훌훌 날아 파리에 머물며
    파리동양미술학교를 세운지라,
그들인들 어찌 우러러보지 않을 수 있었으랴

    동백림사건의 치욕과 수감 2년의 고난,
    허탈한 삶의 쓴맛은 밥을 줄여가면서도
신문지에 이겨낸 군상 조각들, 이어간 연작이
    마침내 광주의 5.18 참화로 폭발하여
대작인 〈군상〉: 개중엔 춤사위, 만세- 만세-⋯
해방과 자유의 기쁨과 깃발, 오직 한 방향으로만
보이는 횃불, 쉬지 않은 편 주먹으로 꼭두새벽 같은
들리지 않는 함성으로, 구호가 아닌 돌진으로 절망이
아닌 희망가로, 절창과 완창으로 작렬하는 정신의
    합, 질서정연함과 다채로운 몸짓과 에너지로
    새로운 광복, 개벽처럼 경이로운 〈군상〉이여

천상의 천경자 화백

더 슬프지 않기 위해 그림을 그려요
오늘도 죽지 않기 위해 그림을 그려요
깊고 큰 발자국들은 달랑 제 목숨 한 꺼풀
덮기 위한 게 아니라
너무 좋아서 한 거라 상관 없어요
- 감동과 환상의 색감에 한 번 손을 대 봐요
절묘해 뜨거운 불덩어리 울렁거리는 가슴
그 전율로 곧 터질 것 같아요
이대로라면 타버려 재만 남겠지요

그러니 굿-바이, 굿-바이, 나는 떠나요
멀리멀리 아프리카 킬리만자로라면 더욱 좋겠어요
그 기슭에 닿아 한가히 야생 동물들과 노닐고 싶어요
그간 비통함과 숨 조여오던 화살들로…
- 알겠어요, 당신이 그린 초원Ⅱ의 탄생 설화를
속 깊이 바라보니 하늘이 열려요 사자들과 놀고
코끼리 등에 발가벗고 푸욱 엎드려 늘어진 평안,
그러는 당신의 등에 타고 나도 하늘에 오를까요?

거장 김인중 신부

      정말 놀랍습니다
당신은 하늘이 파송한 빛의 천사
      길고 긴 묵상과 기도로 투명하고
빛난 영성이 스테인드글라스에 신묘로
성상이 미로에 숨어 되쏘는 붓놀림
      그 선과 색채의 놀라운 광휘에
당신의 눈빛과 숨결은
      환호하는 러브콜에 걸맞게
    - 여러분 성당의 돌들이 노래하게 만들겠습니다로
      응하니, 그 감동의 극치로
큰 울림의 명작을 간직하고픈 역사적 성당들이
      오랜 소원을 풀고 기쁨으로 맞는 환대
      묵상과 기도를 다 해 대작을 빚으며
하늘 음성을 듣고 전하는 미사와, 당신의 겸허는
신비의 예술, 어린아이라도 모두 친구가 되고
      비나 바람 풀밭 해바라기꽃이라도
      아울러 즐기며 담소하는,
비우고 비워 날마다 새로워지는 천상의 빛이여

김창렬 화백과 물방울

처음엔 지가 뭔데
캠버스에 올라탔나 했지만
화악 차고드는 물방울이 예사롭지 않네요

    제대로 임자를 만나야 제 빛이
    자알 드러나 오달지게 영롱하지요

볼수록 어쩌면 저렇게 초롱초롱 발랄할까
남달리 물방울을 퍼먹고 키워온 당신의
그 착념이 산통 끝에 반세기를 낳고

    눈에 넣어도 아프지 않아 황홀할
    아장거리며 옹알이하는 수없는 아가들
    신통하게 곱게 안기며 배냇짓을 하네요

언젠가 헤매고 헤맨 하늘의 감로수
한 방울 한 방울, 한 땀 한 땀
태초의 묵언인 알몸들의 순수한 매혹이여!

화백 김병종과 산

어머니의 말씀이 천금 같은 이도 있고
      개뿔 같은 이도 있다
- 우리 것도 모르면서 개뿔이나 유학은 무슨 유학
이럴 때 다소곳이 머릴 숙여 그 울림
      북극성으로 우러러 보았다
열려가는 그 별을 보며 김병종 화백은
      그렇게 다져 갔다
         캄캄한 밤길을 관솔에 부싯돌로
횃불을 들고 파고 뒤져가며 헤맨 끝에
200여 종의 붓과 수십 가지 벼루를 만나
      그게 개밥바라기 별처럼 빛났다

우리 것을 찾고 자산의 색깔을 발현하는
닥나무 원료를 갈아 흙과 치자로 붓에 공글려
      강렬한 색채와 문학적 스토리를 입힌
      '바보 예수'와 '생명의 노래'의 탄생은
모든 걸 덮고 우뚝 산이 되었다
밟히며 등을 내주는 산 우러러야 볼 수 있는 산

명품 인생 이상일 씨

머리부터 마디마디 '라드라비(*인생은 예술)'여
      없던 길을 내고 쭉쭉 뻗어
번화가를 누빈다면 누가 놀라지 않겠소
      흔한 가위질이 위대한 예술로
휘황한 빛을 발한 미용계의
      신화로 추앙됨이여

골똘과 직진 30년도 모자라 곡진한 스케치에 따라
      이천 야산 숲속 등고선을 품고 미술관
객실 레스토랑이 앉은 건물들
      이런 제2의 불가해한 꿈으로
채워져 초빙된 손님들을
      경이롭게 하고 있음이여

소년의 꿈을 날아 하늘을 타고 오르는
      새 도전이, 당신은 저돌적인 천재, 새벽
6시간의 가부좌 붓칠은 딱 불태우기 좋은 화단의
혈맥을 타고 올라 이제 어떤 신화를 쓸 요령입니까

김우옥 실험극 연출가

누군가가 이룰 수 없다면 내가 이뤄야 한다
누군가가 머뭇거린다면 내가 나서야 한다
    전에 했더니 안 됐다면 세월이 흘러도 좋다
궁리에 궁리를 몰아 새롭게 다시 해 보아야 한다
    왜 이젠 이렇게 잘 먹히는 걸까 자신도
깜짝 놀라 봐야 한다

이렇게 푸욱 빠진 한예총 김 명예교수가 있다
그의 별칭은 실험연극의 대가다
    제자 양성에도 엄정과 열정으로
참신한 집착과 강도 높은 기품으로
잘 정제되어 사랑과 존경을 받고 있다
    행복 에너지의 비결이 전신에 흘러넘쳐
달아난 노화, 연극 연출로 된 최고의 삶
젊은 피는 솟아나는 새로운 힘
    얼마나 아름답고 단단하며 부드러운가
아무리 겪어 봐도, 그 진국은
'혁명의 춤'을 같이 추어보아야 안다

인터넷 국보 전길남 박사

　기원전 2세기 히파르코스의 별 지도에는 북극성을 끼고 작은 곰자리가 서로의 인부를 묻고 손을 잡아 안아줍니다
　컴퓨터가 나오고 서로가 손을 잡고 안아주기까지 우린 까마득할 뻔했는데 미국이 숨긴 기밀보다 더 나은 병기로 서울과 구미를 잇고, 미국을 두드릴 때 놀라 한국을 바라본 세인들, 재일 교포라는 조국 혼이 불타 불철주야 전력투구에 전력 질주를 했던 (미국 나사 NASA를 뿌리치고 달려온), 전길남 박사의 북극성 같은 은공이여!

　한국 인터넷 개척사에 당신은 국보로 아시아를 잇고 아프리카로 뻗어 스위스 제네바 인터넷 명예의 전당에 헌액된 세계적 영웅이여!
　수많은 제자들이 벤처기업 창업자로 인터넷 문화를 열고 인터넷 강국의 신화를 쓴 그 위대, 틈틈이 암벽타기라는 강인한 체력에 정신력과 철학을 더한 그 우렁찬 기상, 수행의 인고를 깊게 내린 스승으로서 만 세대까지 우러러보는 금자탑이여!

빚, 즐겨 갚는 이청자 교수

6. 25 전쟁고아로 살아온 것이
뜨악했지만 눈물을 벗겨내며 애통을 삶아
잔뼈가 굵고 열매를 거뒀으니 그저 감사하지요

    벼락 치는 폭풍우 속에
    사라진 별을 찾아 눈물을 닦아내며
    안아주고 길러 부모가 되어준 미군들
    어찌 혈연이 아니고야
    그럴 수 있을까요

뼛속 깊이 번진 고마움 감동 감화 그대로
피땀과 눈물에 학업을 일으켰으니
한 섬 받은 영어를 3단 곱셈의 한글로
되갚아줄 수 있는
주한 미군 '캠프 험프리스'여!
아아, 천사들과 함께 보좌 앞에 꿇어
새벽마다 말씀의 만나를 먹고 두 손 올려
넘실넘실 춤을 추니, 어찌 하늘의 기쁨 아니리요

아리랑 노래

      남 몰래 사랑해서 처녀 총각 쌍쌍이
산고개 넘고 놀아날 때, 스멀스멀
      노랫가락 지천인 걸 어쩔 건가
논배미 흙밭 일구면서 아리랑도 절로 흘러
      땀내로 젖어드니 어쩔 건가
그러다가 내리꽂는 애환이 안아주고
      목 놓아 도사려 떠돈다면 어쩔 건가
고개 넘다 발 병난 아리랑의 민족혼이여!

      병든 발 메아리로 온새미 떠다녀요
만주 연해주에, 강제 이주의
      고려인들 카자흐스탄과 우즈베키스탄이여
지구를 돌고 돌아 우는 자들과 함께 스며
      6.25 참전용사들과도 어깨걸이로 울고 울더라

시절마다 고장마다 제각기 왜 그리 많은지
      남몰래 혼자라도 떼창을 만나면 얼마나 좋은가
이제 보니 별들과 길 잃은 철새들도 떼창을 하는고야

사고친 고사인물도

　　우리에겐 웬 물욕의 악귀들이 그리 많은지
　　곳곳에 도사려 도굴도 서슴찮고
　　말똥말똥 걸린 명화나 벽화라도
　　명멸하는 환락가의 불빛처럼
　　쥐락펴락 사라진다
　　최근 신윤복의 고사인물도가 그렇다니

남만 국왕 맹확을 일곱 번 놓아준 제갈량의
아량 앞에 결국 굴신屈身한 고사가
신윤복의 붓끝에서 진귀히 살아났는데
대일 조선통신사 피종정의 선물이, 우여곡절로
환향하여 잘 섬기는가 했더니
그도 저도 말고 감쪽같이 사라졌으니…

　　무지몽매한 맘몬족속들이여,
　　이래도 되는 건가 누대에 걸쳐 어쩔려고…
　　에코 한 방에 뒷덜미 잡힐까
　　어렵사리 부릅뜬 채 목메여 기다려 볼까

그리워 불러보는 보부상

　　　역사의 뱃살을 만져보면 보따리와
지게로 장삿일을 잘 해낸 걸 알겠더라
조선조의 사·농·공·상에서 뒷전에 밀렸으나
　　　지금은 어떤가 그런 건 다 패착이 아닌가
조선 창업 때 태조 이성계가 내렸던 옥도장을 보면,
그리고 위기 때마다 불끈불끈 쥐었던 우국충정
　　　대원군은 전국적 흥왕을 북돋우었다는데,
일제강점기의 된서리 채찍질 패대기로
뒤통수 맞고 쓰러져 앓아눕기를…
　　　세상도 물산도 변하고 변해가더라
그래도 아주 사라진 게 아니더라
남대문 동대문 광장 시장에 가보라
　　　살아 흘러든 것이 상회나 상사가 아닌가
한때 세계로 뻗은 종합상사이거늘
저잣거리 흥행몰이 장돌뱅이 각설이 흥타령도
　　　다 오매불망,
두메산골 마을 오늘 와보니 손꼽아 밀려드는
노인네들 트로트에 싣고 달려온 반가운 만물 트럭이여

지게

지게야, 지게야, 어릴 적 내 등짝 친구야
너와 떨어진 지도 반세기가 넘었구나
육자배기 지게 타령
녹슬새 없이 동아줄에 매여 대대로 내려온
우리 역사와 운명의 자산이여,
고맙다 그간 고생 많은 줄 잘 안다

   한때 무더기로 서울 역전에 웅성거린 지게꾼들
   지금 다 어디로 갔나
   흘러 흘러 필름처럼 흔적에 찍힐 뿐,
   두메산골이나 박물관 뒤켠에나
   더러는 늙은이 어깨의 굳은 살에 타령과 함께
   노적가리 무늬로 살아 있구나

어느덧, 농촌에 깃들여 굉음과 경적을 울리며
으쓱대는 농기계의 광폭 행보여,
그러나, 발바닥 손가락 마디 하나 삐딱하면
우리 일과는 어디서나 먹히고 마는 종살이 아닌가

말 칼을 휘두르는 한국인들

일인 교수 오구라 기조가 서울대에서
우리 유학을 요모조모 쪼개어보고
기발한 착념에 사로잡혔다는데

    일본의 사무라이들은 말 한마디에
    사활이 걸려, 검劍의 혀 위에 올려놓고
    에둘러 둥그렇게 말하였는데
    한국인들은 유교문화의 항아리에 담겨져
    검 대신 말싸움에 말 칼을 함부로
    휘둘러 찌르고 베며 날 세워 가슴에 서린
    독을, 막말 욕설 저주로 게워낸다는 것

그러고 보니 뭔가 짚이는 게 있다
사무라이들과 민초들은 눈을 부릅떠 저간의
분수를 지켜냈고, 우린 과거에만 목매
휙- 휙 씨근대며 일확천금, 부글부글 냄비근성
점점 사색 당쟁의 입거품 물고 사화가 들끓어
말 칼을 휘두른 선비들이 우글부글 망친 건 아닌가

알칼데의 채찍 소리

페루 내 잉카의 후예들은 설맞이 축제를
결판지게 삼 일간 벌인다
음악과 장단에 맞춰 춤을 춰가며
광장에서 거리로 근엄한 알칼데(*최고의 추장)의
채찍질로 무서운 가면을 쓰고 호령을 한다

마치 세례 요한의 광야의 외침처럼

산사의 죽비와 목탁과 범종소리와 같고

교회종각에서 울리는 새벽 종소리 같기도 하며

한때, 마패에 '어사 납시오'와 같고

법정 판결 끝에 두드리는 법봉 소리와 같으며

지구 종말의 시계가 울리는 초침 소리와 같아
멀리서라도 간담이 싸늘하여 심금을 뜯는구나!

5부
영성靈性의 스펙터클

불의 역사役事(기도문)

주여, 아담과 하와 두 사람을 부리나케 떠민
　　　강렬한 에덴동산의 불칼을 기억합니다
음란과 격정에 물불 없이 날뛴 소돔과 고모라,
　　　아브라함도 한숨 쉴 때 찾아온 사자들
유황 불구덩이에서 조카 롯 가족만은 구원함이여,
떨기나무 불꽃에 모세와의 눈부신 만남은 이스라엘에
홍해를 건너 호렙산 불꽃으로 십계명을 선포하시고,
　　　가나안 꿈을 되새겨 주심을 감사합니다
불구덩이에 빠진 고라의 무리와 다른 불을 드리다가
살라진 아론의 두 아들은 불경죄를, 기드온의
의심과 엘리야의 제물을 태운 불기둥의 그 기적!
　　　그런데 불을 던지러 오셨던 주님이시여,
그 불이 십자가 부활 승천 후 마가의 다락방에
백 이십 문도들이 받은 불의 혀로 순교도 마다 않고
　　　사도 요한이 본 쏟아진 제단의 불향로여,
나팔소리와 피섞인 우박과 불의 재앙이 오기 전에
1907년 장대현 교회의 회개의 불세례가
다시 불붙어 남북으로 전 세계로 번져 넘치게 하소서

만들어진 신에서 떠나라

진정한 하나님을 만나지 못하면
   만들어진 신을 믿지요
놀라워라 사람들이 만든 신이여
매일 하늘에 매달려 빌고 빈
   일월성신, 산과 바위
개울 물을 끼고 숲 속에 살면서
사냥과 화전을 했을 원시의 풍습은
   신비와 두려움에 어리석은 순수가
   꿈꾸는 풍요의 신에 다가가
인육을 바쳤으니, 망령의 신내림이여
지금도 남아있는 그 흔적의 골짝은, 중국 윈난의
   와족 마을을 바람이 앞지르고 있지요

출애굽을 모세에게 명하신
야훼는 애굽의 우상들을 모조리 불러내 깨뜨리시며
   우주를 창조하신, '스스로 있는 자'로서
우상에게 절하지 말라 명하셨나니, '아멘'입니까?

하늘의 청지기들

땅도 하늘의 것이다
다 하늘로부터 온 것들이다
빅뱅설도 알고 보면 다 하늘이
그때 그 자리에 그 크기로
벌여 놓은 연출이다

한 달란트 두 달란트 다섯 달란트 받은
청지기가 있듯이, 땅도 다 다르고
소유권은 하늘에 있다
내 것도 네 것도 아닌 이 지구별에
발붙여 살고 있는 사람들이여
한 뼘 가량에 바다 같은 가슴도 있고
오종종한 마른 골짝 같거나
천 길 넘는 우물도 있다
오아시스를 품고 있는 사막과
터지지 않은 바위로 목말라하는 땅도 있다

땅의 것은 없음이여
하늘 문만 열려 있음이여

로뎀 나무

한 시대의 선지자로 적들의 목을 치고 당당했던
기백은 어디로 갔나 하루아침에 겁쟁이가 된 엘리야는
허겁지겁 브엘세바로 도망친 것도 모자라 더 멀리
광야의 로뎀 나무 그늘 아래로 숨어들어
죽여달라 소리소리 퍼질러 놓고 잠이 들었네

   로뎀 나무가 없었다면 어쨌을까
   사막을 지켜온 로뎀나무
   봄이면 하얀 꽃을 피워 사랑받고
   밤마다 별빛에 스며 더 예뻐진 얼굴
   나그네를 사로잡는 빨간 줄무늬
   밤의 찬 기온 감싸 녹이는 모닥불의
   훈훈한 모정

새벽이슬로 지켜낸 뿌리들은 기근에 구황을 펼쳐
  고통을 풀어주며
   광야에 천사들이 모여 사는 로뎀나무
싸리비처럼 시원시원 쓸고 닦아주는 맛깔 나무여

웃기는 섬

원래 뭍이 바다 위를 걷다가
풍랑을 보고 빠져 섬이 되었다지요

    너와 나에게는
    바다를 웃기는 섬이 있습니다
    바로 발바닥이지요

오늘도 고향처럼 하도 걸어서
고린내가 났지만
베드로는 바다를 걸어서 예수께로 갔습니다

    갑자기 풍랑을 보고 물을 먹고
    빠져 섬이 되었다가 구출 받았지만
    너와 나도
    파도만 보면 섬이 될 수 있는 거지요

믿음 놓치고 어리벙벙해진 발바닥은
걷다가 빠지는 웃기는 섬이지요

바울의 기쁨처럼

오늘의 나는 어제의 내가 아녀요
부활로 이어진 십자가 비밀을 알고 감격에 넘쳐
세상 것을 배설물로 여기고 새로 태어나
마음은 기쁨이 천국으로 가득하답니다

  그러니까 어제와의 다름은
  버리는 기쁨
  자라가는 기쁨
  새로워지는 기쁨
언제 어디서나 기쁨을 누리며 전하는 삶의 기쁨
점점 더 깊은 맛을 내는 감사와 기쁨은
  감옥에서도 아름다운 무지개를 누비며
포도나무 줄기에 접붙은 가지의 탐스러운 열매로
주님과 하나가 되어 누리는 그 기쁨

이 모든 것을 통해 주님을 기쁘시게 해드리는
최상의 기쁨, 진실로 마음은 항상 넘치는 천국이지요

꼭 잡은 손

해충처럼 태어난 사람은 없으나
    버려진 자는 있다
차가운 손과 부끄러운 손이 버린다
그러니 사고뭉치의 부모나 어른이 있을 뿐
    아이는 허물이 없다

자폐증 아이로 동분서주하는 엄마
의사들과 때때로 같은 처지의 엄마를 만나고
    피눈물로 하늘을 향해 무릎을 꿇었다
    아들의 맘과 정신을 헤집고 영혼 깊이
동화와 동시를 읽어 주며 성경으로 숨을 마셨다
청소년기를 맞아 손을 꽉 잡고 초저녁 집을 나선다
    거리에서 노래하며 나무들과 꽃들의 이야기,
    공원을 걸으며 별자리 하나하나 집어주고
머리는 꿈에 어깨는 날개를 펴, 가슴을 뛰게 여는
북극성 저 별은 너의 별, 동방박사 별을 따라잡는다
붓칠할 수 있게 하늘의 자산으로 자신을 넘게 했다
올 땐 십자가를 꽉 잡은 네 손의 찬양이 나붓거렸다

장애인 수기 대상 수상 박관찬 씨

    밀알 재단에서 벌인 당신을 알고부터
    첼로가 하늘로 보여요
    흐느낌 그 떨림은 하늘을 덮고도 남네요
    이미 죽은 감각의 손끝으로
    어쩌면 그렇게 잘 우려낸 향기 그윽한가요
그 장엄함의 깊이와 넓이 헤아림은 알 수 없네요
보고 듣지 못하는 장애마저 파고 파내 솟는 그 말간
쪽빛 알겠어요, 그렇게 하늘을 향해 두 손 벌려
벌겋게벌겋게 두드려 못내 펄펄 끓는 광야의 영성을…

당신은 위대의 위대로 천고마비天高馬肥입니다
    바닥에서도 해와 달, 별들을 바라보고
        긁히고 깨지고 짓밟혀 산산조각난 거울로
그처럼 아름다운 선율을 뽑아 날게 하는지를…,
얼마나 영혼 깊이 빨려 들어가 으깨고 녹였는지
알 것 같아요, 둘이 하나이고 하나가 둘인 심장,
        그렇게 우려낸 심장의 고동들이 흘린 눈물의
        진동만큼, 내 영혼의 깨달음도 진동하네요

행복한 부부 이발사

　　　논밭이 없고 삽과 호미가 없어도
　　　찾아온 손님을 의자에 앉히고
내민 머리카락 가위로 촘촘히 쟁기질하듯
거품에 면도질로 춤을 추며 써레질하듯
　　　농부가를 부르듯 가스펠 송을 흥얼거려요
앞뒤 벽면엔 만종과 잃은 양을 찾아
　　　가슴에 안은 주님의 성화를 걸고
아침부터 저녁까지 성직자처럼 일궈내는 경작
　　　십 년은 더 젊어졌다는 손님들의 찬사에
눈비 내려도 끄떡없다며 천국을 자랑하네요
　　　도제로 시작했으나 서로 눈맞아 재잘재잘
아들딸 낳고, 제 가게로 자라 차지게 별을 잡았지요
고깃국에 이밥은, 고추장에 꽁보리밥 떠올라 벅찬
호사라 꽉 잡은 손으로 손님께 올리는 커피 향기
　　　며느리와 사위가 잘 자라는 손孫도 얻어
손에 손잡고 찬양과 예배로 주일을 기다리니
기쁨이 절절 흘러 미장원이 널렸어도
단골들이 몰려와 마침표가 없을 것 같네요

잘 넘어지기

삶이란 오늘도 내일도 앞으로 앞으로 내딛는 것
가다가 가다가 잘 넘어지고 잘 일어서야 하는 것
살다 보면 어디 잘 내딛기만 하겠는가

어쩔 수 없이 넘어지려 할 때면
산도 쓰러지는 걸 보았지요
넘어지지 않으려고 아등바등하면 할수록
더 힘에 겨워
그 버둥질로 뭉쳐진 힘이 뒤로 무너져,
머리통 산산이 깨지고
결국, 일어서지 못하는 걸 보았지요

넘어지려 할 때면,
옳거니 양팔 벌려 안으실, 그 크신 그 분의
포근한 품이려니!
주저 없이 슬그머니 안기세요
넘어지는 것 잘 넘어진다면
결국, 일어서는 거 잘 될 겁니다

최종 보고서

누구는 소풍 한번 잘 갔다 왔다 하고
아무개는 꿈 한바탕 잘 꾸고 왔다 하고
거시기는 괜히 입맛만 버리고 왔다던데
넌 뭐라 할래, 물으신다면
실컷 울다 왔다면 안 될까
울 곳이 마땅찮아 안 그런척한 적 많잖아
그러시면 속울음까지 쳐 주시면 안 될까

    아픈 데 너무 많아 울지 않을 수 없었는데
    어찌 안 울 수 있겠냐며 부루퉁 한다면
    응석이라며 다독여 주실까

만상이 눈물샘 터져 강이 되고 바다가 되는데
고향에 갔더니 봄은 봄대로 씨앗을 틔우지만
제비꽃도 드문드문 제비를 볼 수 없다 울고
어디선가 제비는 제비꽃을 볼 수 없어 울며,
참 막역했던 것들이 막말에 막 살고 막되니, 아니
막차가 들어올 시간이 코앞인 것 같아!

목발*

문지방에 기댄 목발의 그림자 어른거린다
등 굽은 허리 마른 뼈 울퉁불퉁 저려오지만
외진 섬살이 불모지 목회 30여 년, 지금은
모세가 호렙산 떨기나무 불꽃에 다가선 나이로
흙벽돌로 지은 두 칸 내기 방에는
노독이 산처럼 쌓였다

어릴 적 소아마비로 목발 신세였으나
고 2 여름수련회 뒷산 부르짖던 하늘에서
우레같이 내리친 불덩어리 온몸에 받고
목발을 벗은 기적, 목회로 부르신
은총과 감격에

목발 같은 광산촌과 빈민촌을 돌며 젖은 눈에
땀을 닦고 얼바람진 비탈길도 달렸다
외진 섬에 턱을 괴고 부르는 손짓 불쌍한 영혼들
주님의 부르심에 유라굴로의 광풍을 뚫고
순교지로 가던 바울처럼 그 짐을 지었다

용신굿에 뿌리 깊은 악한 영들과의 싸움은
바알 신을 꺾은 엘리야와 같은 무릎 날개로

계명성과 함께 날을 지새워 부르짖고
일손을 돕고 마을과 하나 되기를
피눈물 흘린 땀으로 천하보다 귀한 한 생명
한 생명 불어났는데 천국행만 기다리는
노인들, 어제는 한 분을 요양병원으로
보낸 것이 안타깝고, 중풍 앓이 독거노인을
보듬고 축호심방과 심부름도 도맡아 한다

한 달 전쯤 LPG 가스통에 삐끗한 발목, 목발이다
그래도 밧모섬의 사도 요한처럼 일곱 별을 쥐고
일곱 촛대 사이를 왕래하시는 하늘만을 바라보며
새 예루살렘 '마라나타'에 어메이징 그레이스
드높이 뜨거운 찬미로 밝게 날고 있다

*제13회 국민일보 신앙시 우수상 수상시

- 박무성 시집 해설 2025 -

치유의 불꽃, 그 영성의 미학
- 박무성 시집 『가오리와의 불꽃 키스』 감상 -

문학평론가 리 헌 석
사단법인 문학사랑협의회 이사장

1. 상처와 치유의 미학

대한민국에서 고희(古稀)를 넘기신 분, 혹은 산수(傘壽)까지 넘기신 분들에게는 내면과 외면의 상처가 깊고 다양하기 마련입니다. 일본제국주의의 아픈 세월을 경험함은 물론, 해방 후의 사회 혼란과 6.25 남침의 아수라를 살아 넘기느라 내면의 상처는 평생 짊어지고 갈 멍에였을 터입니다.

그러나 가난한 나라에서 태어나고 성장한 이들의 운명은 자립갱생했어야 할 터이매, 온갖 간난(艱難)을 스스로 극복한 분들입니다. 꿈이 있어도 형제자매와 가족을 위해, 그 꿈을 포기하고 생활 전선에 나서야 했던 분들입니다. 드러내지 않던 내면의 상처가 느지막에 표출되기도 하는데, 문인들은 작품으로 빚어냅니다. 박무성 시인 역시 복합적인 아픔들을 시에 담아내고 있습니다.

> 거울 속엔 잘 깨지는 내가 있다
> 웃고 울다 지지고 볶는 가족이 들어있다
> 비뚤배뚤 난행의 유년기
> 숨바꼭질이
> 엄마의 얼굴을 찢고 말았다
> 그분의 혼수인 경대를 깨 먹고
> 엉엉 울며 내 얼굴도 깨지고 말았다
>
> 주저앉아 유리 조각을 줍고
> 무슨 다짐을 했던가
>
> 이제는 만날 수 없는 어머니
> 난, 가끔 장미꽃을 들고 거울 속으로 들어간다
> 내 눈의 소실점을 밀며 나비처럼 날아간다
> 수선화 꽃송이를 머리에 꽂고 기다리시는 어머니
> 장미 꽃송이를 받아드신 당신의 찻잔 속
> 거울에 비친…
> 드디어, 그 경대가 얼굴과 함께 환하게 빛났다
> ―「거울 속에 들다」 전문

이 작품은 거울을 통하여 자신과 주변과 내면을 성찰하고 있습니다. 복수의 제재로 빚어 좀 난해한 시를 여러 편 지었는데, 이 작품은 별다른 설명 없이 이해할 수 있을 정도로 간명합니다.

거울을 매체로 하여 '잘 깨지는 나' '지지고 볶는 가족' '난행의 유년기 숨바꼭질' 등의 이미지들이 엄마의 '깨진 경대'를 통하여 되살아납니다.

  깨어진 경대의 유리 조각을 주우며, 서정적 자아로서의 소년은 여러 다짐을 하였을 터입니다. 그러나 이러한 다짐은 독자들의 상상에 맡기고, 노년에 이른 자아를 확인합니다. 3연의 <가끔 장미꽃을 들고 거울 속>으로 들어간다는 행위나 <내 눈의 소실점을 밀며 나비>처럼 날가간다는 의식은 <꽃송이를 머리에 꽂고 기다리시는 어머니>로 이어지는 '추억의 경대'와 이미지가 오버랩(overlap)됩니다. 이러한 이미지와 직간접으로 엮인 작품은 「가시 철조망」 「골방에서 울고 있는 아이」 「치유가 필요한 6.25」 「절벽」 등인데, 때로는 이미지의 중첩으로 인해 난해한 표현도 생성합니다.

2. 인체와 생리의 미학

  인체를 구성하고 있는 모든 부분은 역할이 다를 뿐이지, 가치의 경중(輕重)을 논할 수는 없을 터입니다. 모든 생각을 담당하는 뇌, 몸을 지탱하거나 실천할 수 있게 하는 팔다리, 세상을 듣거나 볼 수 있게 하는 귀와 눈, 모두 귀한 부위들입니다. 그 중에서 '눈'은 '①빛의 강약 및 파장을 받아들여 뇌에 전달하는 시각 기관' '②사물을 보는 관점이나 생각' '③사물을 보는 표정이나 태도' '④신앙의 대상을 수용하게 하는 영성체' 등으로 분류하기도 합니다.

  박무성 시인은 작품 「눈」에 네 관점의 눈을 모두 수용하고 있습니다. 감각기관으로서의 눈, 관점이나 생각을 나타내는 눈, 사물을 평가하는 눈, 신앙의 주체를 확인할 수 있는 눈을 포괄하고 있습니다. 일부 행은 두 음절씩 들여쓰기를 하였지만, 그 의도를 정확하게 알 수 없어 일반화하였습니다.

현자는 머릿속에 눈이 있어 구만 리를 보고
나는 밖에만 나 있어 우둔한가 보다
천사는 온몸이 눈이라는데
눈은 그렇게 많을수록 좋은가 보다
눈 뜨고 못 본 건 감은 만큼 보이고
눈치코치로 잡은 느낌, 눈물로 사랑할 수 있음이여

살다보니 부지기 부지기 눈꼴신 무리수
나는 선잠 깬 벌건 눈, 당신은
물기 어린 맑고 초롱초롱 검푸른 빛 눈동자,
길눈 어두워 맴돌다 가는 동태의 뒤태와
해안선을 따라 소실점을 밀고 허공을 맴도는 독수리들

오호라, 밤하늘 꽉 찬 별들의 눈빛
송이버섯도 눈이 밝지 않으면
낙엽에 이끼인 줄 알고 그냥 스치거늘…,
선지자 엘리사가 본 여호와의 군대를
사환만 못 보는 불안증
순교 현장의 스데반이 본 영광, 번쩍 열린 하늘이여
　　－「눈」 전문

1연에서는 생각으로 구만 리를 보는 현자의 눈, 신체의 밖에 있는 시인의 눈을 대조하고 있습니다. 더불어 온몸이 눈으로 되어 있다는 일부 천사의 모습과도 대조하면서 <눈 뜨고 못 본 건 감은 만큼 보이고>라는 역설적 잠언(箴言)을 찾아내었는데, 이는 박무성 시인의 독자적 깨달음입니다. 2연에서는 세상에 눈꼴 신 모습의 무리수, 나의 선잠 깬 벌건 눈, 초롱초롱 맑은 빛 당신의 눈동자, 상해 가는 동태의 눈, 허공을 맴돌며 사냥감을 좇는 독수리들의 소실점(消失點) 등을 열거하고 있습니다. 소실점은 평행한 선들이 멀리 갈수록 하나의 점으로 모이는 현상인데, 건축과 사진 등에서 원근을 나타내는 현상입니다. 투시 원근법에는 단순한 공간을 표현할 때 사용하는 1점 투시, 복잡한 입체적 물체를 표현하는 2점 투시, 고도 차이가 큰 풍경을 표현할 때 사용하는 3차 투시 등이 유용하게 활용됩니다.

　1연과 2연은 3연을 도출하기 위한 장치로 작동합니다. '밤하늘을 꽉 채운 별들의 눈빛' 귀한 '송이버섯'을 찾아낼 수 있는 눈길이 있어야 '엘리사가 본 여호와의 군대'와 순교 현장의 '스데반이 본 영광'에까지 이를 수 있음을 형상화하고 있습니다. 이렇듯이 신체와 생리를 통한 이미지 생성은 「귀」「심장」「숨결과 춤결」「잦은 하품」 등에도 구체화되어 있습니다.

3. 자연의 의유(疑諭) 미학

　자연을 노래할 때는 항용 의유(疑諭)를 활용합니다. 의유는 사람이 아닌 사물을 사람에 비기는 의인법(擬人法)과 살아 있지 않은 사물에 생명을 부여하는 활유법(活喩法)이 있는데, 그는 두 가지 표현법을 다용하고 있습니다. 그 뿐만 아니라 자연에 인격을 부여하거나, 사람살이와 유사한 스토리 생성으로 미적 경지를 개척하고 있습니다. 그는 다양한 제재에서 그만의 비유법을 새롭게 찾아내는데, 관능(官能)을 통하여, 자연현상을 인간과 같은 미적 수준에까지 이르도록 배치하여 관능미를 탐색하고 있습니다.

관능은 '①사람이 살아가는 데 필요한 기관과 기능, 눈의 시력 따위' '②오관(五官) 및 감각 기관의 작용' '③성적인 감각을 자극하는 작용' 등으로 구분되는데, 박무성 시인은 세 가지 모두 비유와 결합하여 독창적 이미지를 생성하고 있습니다.

6월이면 달빛이 도란도란 먼저
말을 걸어왔지요
동네 처녀들이 몰래 총각을 기다리고
발정 난 밤꽃들이 퍼질러 놓은 향내로
엿듣는 소리 사라지고
밤새 달빛 목욕에 방창한 밤꽃들의
가슴 한 켠에 방 한 칸씩 새벽마다
시샘 많은 별들이 찾아들었지요

철 지나면서 시들고 꽃진 자리에
슬어놓은 새끼들
누구도 손댈 수 없다는
노- 터치로 박힌 가시울타리
그 속에 잠든 아기별 밤톨들

꼭꼭 걸어둔 자물쇠를 비바람이 두드리고
햇살이 쪼아대니
가을철 벌겋게 벌어진 산통에
마침내 지상으로 낙하한 별똥별들이여
  -「밤 숲속을 걷다」전문

 2연으로 구성한 이 작품은 밤꽃이 피는 초여름의 자연현상, 가을에 밤이 여무는 시기의 자연현상을 사람살이에 비기어 표현하고 있습니다. <달빛이 도란도란 먼저 말을 걸어왔지요>의 서두와 함께 <밤새 달빛 목욕에 방창한 밤꽃들이/ 가슴 한 켠에 방 한 칸씩 새벽마다/ 시샘 많은 별들이 찾아들었지요>와 같은 절구(絕句)를 지어냅니다. 시인의 상상에는 '시샘 많은 별들'이 곧 '밤알맹이'일 터이니, 그의 서정은 참으로 놀라운 바가 있습니다. 그 바탕에서 <그 속에 잠든 아기별 밤톨들>이 비바람과 햇살의 도움을 받아 <가을철 벌겋게 벌어진 산통에/ 마침내 지상으로 낙하한 별똥별>이라는 밤 알맹이의 비유가 참으로 오롯합니다.
 이처럼 감각을 통한 비유법으로 시적 긴장을 유도하는 작품들에는 「아라 홍연 특별전」「천 송이 장미원」「수국 바다에 빠지다」「숲으로 오라」 등이 있습니다. 단순한 작품이 아니라 감각을 통해 이미지를 생성하고, 비유를 통해 시의 격조를 높이고 있습니다. 특히「가오리와의 불꽃 키스」는 에메랄드빛 바다에서 스노클링을 하면서 가오리와의 만남을 노래하고 있어, 생태와 평화를 지향하는 바, 자연친화적인 시심을 공유하게 합니다.

4. 신앙의 영성 미학

박무성 시인은 제13회 국민일보 신앙시 공모에「목발」을 응모하여 우수상을 수상합니다. 이 시의 주인공은 장애인 목사인데, 그분은 어릴 적 소아마비로 목발 신세였으나 고등학교 2학년 '여름 수련회' 때 뒷산에 올라 부르짖던 하늘에서 우레같이 내려친 불덩어리를 온몸에 받고 목발을 벗은 기적, 그리하여 목회자로 불러 세우신 은총과 감격을 서사와 서정을 융합하여 빚은 작품입니다.

이 시의 서두는 〈문지방에 기댄 목발의 그림자 어른거린다〉라 되어 있습니다. 호렙산 떨기나무의 불꽃에서 성령이 충만함을 발견한 모세의 영안(靈眼)처럼, 흙벽돌로 지은 두 칸 내기 방 '외진 섬 살이' 목회, 시무 30여 년 노독이 산처럼 쌓여 있음을 노래합니다. 시인은 모세의 불꽃 은사(恩賜)가 그 목사의 청소년기 불꽃 기적과 일치하고 있음을 간증하고 있습니다.

    땅도 하늘의 것이다
    다 하늘로부터 온 것들이다
    빅뱅설도 알고 보면 다 하늘이
    그때 그 자리에 그 크기로
    벌여 놓은 연출이다

    한 달란트 두 달란트 다섯 달란트 받은
    청지기가 있듯이, 땅도 다 다르고
    소유권은 하늘에 있다

내 것도 네 것도 아닌 이 지구별에
발붙여 살고 있는 사람들이여
한 뼘 가량에 바다 같은 가슴도 있고
오종종한 마른 골짝 같거나
천 길 넘는 우물도 있다
오아시스를 품고 있는 사막과
터지지 않은 바위로 목말라하는 땅도 있다

땅의 것은 없음이여
하늘 문만 열려 있음이여
　　－「하늘의 청지기들」 전문

　박무성 시인의 신앙 바탕에는 절대 신앙이 자리하고 있습니다. 땅을 비롯하여 온 세상이 하늘로부터 온 것이니, 모든 사물은 여호와께서 창조하신 피조물이라는 관점입니다. 우리는 〈내 것도 네 것도 아닌 이 지구별에/ 발붙여 살고 있는 사람들〉이라며, '하늘 문만 열려 있음'이니 신앙생활을 고백하는 간증(干證)이라 하겠습니다. 하늘의 정원을 가꾸는 신앙의 청지기가 되겠다는 지향이기도 합니다.
　이같이 정갈한 시심과 신앙의 신비에 대한 갈망은 박무성 시인의 작품에 그대로 반영되어 나타납니다. 불특정 다수의 독자들과 감동을 공유하는데 부족함이 없습니다. 그러하매 그의 진심이 아로녹아 빚어질 다음 시집을 기대합니다. 그 시집에 수록될 작품을 기다리는 소이연(所以然)입니다.

가오리와의
불꽃 키스

가오리와의 불꽃 키스
박무성 시집

발 행 일	2025년 6월 25일
지 은 이	박무성
발 행 인	李憲錫
발 행 처	오늘의문학사
출판등록	제55호(1993년 6월 23일)
주 소	대전광역시 동구 대전로 867번길 52(삼성동 한밭오피스텔 401호)
전화번호	(042)624-2980
팩시밀리	(042)628-2983
카 페	http://cafe.daum.net/gljang(문학사랑 글짱들)
인터넷신문	www.k-artnews.kr(한국예술뉴스)
전자우편	hs2980@daum.net
공 급 처	한국출판협동조합
주문전화	(02)716-5616
팩시밀리	(02)716-2999

ISBN 979-11-6493-384-6
값 10,000원

ⓒ박무성 2025

* 이 책의 판권은 저작권자와 오늘의문학사에 있습니다.
* 이 책은 E-Book(전자책)으로 제작되어 ㈜교보문고에서 판매합니다.
* 잘못 만들어진 책은 구입하신 서점에서 교환해 드립니다.